KB162007

전 세계 데이터 과학자와
소통하고, 경쟁하고, 성장하기

캐글 가이드

전 세계 데이터 과학자와
소통하고, 경쟁하고, 성장하기

캐글 가이드

초판 인쇄 | 2020년 6월 19일
초판 발행 | 2020년 7월 6일

지은이 | 사카모토 도시유키
옮긴이 | 박광수(아크몬드)
발행인 | 김태웅
기획편집 | 이중민
디자인 | 정혜미, 남은혜
마케팅 총괄 | 나재승
마케팅 | 서재욱, 김귀찬, 오승수, 조경현, 양수아, 김성준
온라인 마케팅 | 김철영, 임은희, 김지식
인터넷 관리 | 김상규
제 작 | 현대순
총 무 | 안서현, 최여진, 강아담, 김소명
관 리 | 김훈희, 이국희, 김승훈, 최국호

발행처 | (주)동양북스
등 록 | 제 2014-000055호
주 소 | 서울시 마포구 동교로22길 14 (04030)
구입 문의 | 전화 (02)337-1737 팩스 (02)334-6624
내용 문의 | 전화 (02)337-1762 dybooks2@gmail.com

ISBN 979-11-5768-632-2 93000

DATA SCIENCE NO MORI: Kaggle NO ARUKIKATA by Toshiyuki Sakamoto
Copyright © 2019 Toshiyuki Sakamoto
All rights reserved.
Original Japanese edition published by C&R INSTITUTE, INC., Niigata.

This Korean language edition published by arrangement with C&R INSTITUTE, INC., Niigata
in care of Tuttle-Mori Agency, Inc., Tokyo through Botong Agency, Seoul.

▶ 잘못된 책은 구입처에서 교환해드립니다.
▶ 도서출판 동양북스에서는 소중한 원고, 새로운 기획을 기다리고 있습니다.
  http://www.dongyangbooks.com

이 도서의 국립중앙도서관 출판예정도서목록(CIP)은 서지정보유통지원시스템
홈페이지(http://seoji.nl.go.kr)와 국가자료공동목록시스템(http://www.nl.go.kr/ kolisnet)에서
이용하실 수 있습니다. (CIP제어번호: CIP2020024659)

Practical IT Series

전 세계 데이터 과학자와
소통하고, 경쟁하고, 성장하기

캐글 가이드

사카모토 도시유키 지음
박광수(아크몬드) 옮김

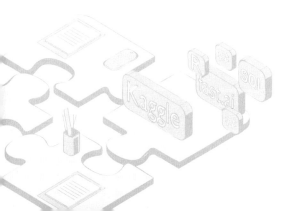

동양북스

머신러닝과 데이터 마이닝에서 데이터 과학자의 역할을 가벼이 여길 때가 있습니다. 예를 들어 머신러닝은 객관적으로 좋은 품질의 데이터만 있다면 데이터 과학자 개인의 능력이 부족해도 좋은 결과를 도출할 수 있다고 생각하는 것입니다.

하지만 이는 큰 오해입니다. 실제로 머신러닝 알고리즘을 구현할 때는 아무리 좋은 데이터가 있어도 사람이 정하는 파라미터나 손실 함수 등이 정확도를 결정합니다. 그래서 남들보다 더 잘한다는 평가를 받거나 자신만의 해결 방법을 알리는 데이터 과학자의 능력은 존중받아야 합니다. 이 책의 주제인 캐글은 데이터 과학자들이 모여 경진 대회를 중심으로 서로 경쟁하는 플랫폼입니다. 그리고 데이터 과학이 발전할 수 있는 지식을 공유하는 개성과 매력이 넘치는 공간이기도 합니다.

이 책은 캐글이라는 플랫폼을 처음 접한 사람이 무엇을 하는지 알려주는 가이드 역할을 해줄 것입니다. 캐글 경진 대회를 중심으로 데이터 과학자가 어떻게 활동하는지와 인간미 넘치는 다른 데이터 과학자와 어떻게 교류해야 하는지를 소개합니다. 또한 단순히 캐글 플랫폼을 소개하는 데 그치지 않고 실제 경진 대회에서 있었던 사례를 많이 다룹니다.

캐글의 경진 대회는 단순히 데이터를 분석해 점수를 겨루려는 목적만 있는 것이 아닙니다. 데이터의 특징을 논의하면서 효과적인 해결 방법을 공유하기도 하고, 주최자의 오류로 인해 참가자들이 혼란을 겪기도 하는 등 경진 대회가 개최되는 동안 다양한 드라마가 펼쳐집니다.

저자 개인적으로는 이러한 드라마에 함께 참여해 데이터 과학을 경험한다면 어떤 책이나 강의를 듣는 것보다 더 즐겁게 능력 있는 데이터 과학자로 성장할 것이라는 믿음이 있습니다. 이 책과 함께 데이터 과학자의 커뮤니티를 표방하는 캐글의 분위기에 푹 빠져보기 바랍니다.

2019년 10월　사카모토 도시유키 坂本俊之

캐글이라는 데이터 과학의 숲을 즐겁게 거닐어보세요

이 책은 원서의 제목대로 캐글의 첫걸음을 어떻게 내딛는지 잘 설명해줍니다. 캐글을 들어본 적은 있지만 구체적으로 캐글이 무엇인지 모르는 분에게 좋습니다. 특히 데이터 과학을 시작한 지 얼마 안 되는 사람이라면 머신러닝하는 '동료'를 만나는 특별한 경험을 하게 될 겁니다. 캐글이라는 데이터 과학의 숲을 즐겁게 거닐어보세요.

이 책은 크게 다음 세 가지 주제를 다룹니다.

1. 캐글 가이드

지금까지 여러 가지 내용 중의 한 부분으로 캐글이 무엇인지 설명하거나 캐글 경진 대회 등에서 사용하는 코드를 설명하는 책은 있었습니다. 하지만 캐글 자체에 어떻게 참가하는지 자세히 설명하는 책은 없었습니다. 이 책은 캐글의 주요 서비스(경진 대회, 데이터 세트, 노트북, 토론)를 중심으로 활용 방법과 문화를 이해하자는 관점에서 캐글을 친절하게 가이드합니다.

2. 노트북에 익숙해지기

너무 무겁거나 어렵지 않게 캐글의 핵심인 노트북에 익숙해지도록 도와줍니다. 노트북 만들기, 다른 사람의 노트북 복사해 사용하기, 애드온 기능 사용하기, 외부 데이터 세트나 라이브러리 사용하기, 노트북으로 만든 결과를 경진 대회에 제출하기 등을 소개합니다. 이 책을 통해 가벼운 마음으로 노트북의 사용 방법을 배워보세요. 노트북 사용에 익숙해진 후에는 명령 줄 인터페이스 기반으로 노트북을 편리하게 다루는 방법도 알려줍니다.

3. 경진 대회 공략하기

처음부터 최고의 솔루션을 준비해 경진 대회에 임한다면 가장 좋겠지만 현실적인 방법이라고 말할 수는 없습니다. 캐글의 경진 대회는 간단한 노트북 만들기부터 시작해 다른 캐글러의 장점을 흡수하며 점차 발전해 가는 결과를 만드는 과정입니다. 이때 경진 대회의 트렌드에 맞게 진화하는 다른 노트북을 살펴보며 힌트를 얻습니다. 이 책은 이러한 경진 대회의 기본 흐름과 공략 방법을 알려줍니다.

옮긴이에게 캐글의 첫인상은 오픈 소스 커뮤니티 기반의 머신러닝 놀이터였습니다. 캐글은 데이터 과학을 좋아하는 사람들이 모여 만든 새로운 세상입니다. 머신러닝과 관련한 데이터 과학자나 엔지니어로 일하려는 분이라면 이 책을 읽은 후 쉽게 캐글에 익숙해질 수 있을 뿐만 아니라 자신만의 멋진 포트폴리오를 만들 기본을 다질 수 있을 것입니다.

기획부터 편집까지 함께한 이중민 님, 이 책을 옮기는 데 많은 도움을 준 노성준, 최병수, 이인수, 최희찬, 츠카모토 유이(塚本 唯) 님을 비롯한 도쿄의 지인에게 감사드립니다.

2020년 7월　박광수

전 세계 데이터 과학자와 경쟁하면서 실력을 키우는 지름길,
캐글의 사용 방법과 경쟁력 있는 데이터 과학자가 되는 비결을 담은
'얇지만 내공 있는 책'

캐글은 2010년에 설립된 데이터 분석 경진 대회와 예측 모델 디자인 공유 플랫폼입니다. 기업 및 단체에서 데이터와 해결할 문제를 등록하면 데이터 과학자들이 문제 해결 모델을 개발하는 경쟁을 합니다. 또한 우수 사례에는 많은 상금이 걸려 있어 경제적인 이득을 얻는 것은 물론이고 취업의 기회를 잡기도 합니다. 2016년 인공지능 기술이 부각되면서 기존보다 더 활성화되었고, 2017년 3월 구글에 인수된 이후에는 머신러닝/딥러닝 개발자로 자신의 실력을 어필하려는 사람이 크게 늘어 많은 관심이 집중되고 있습니다.

이 책은 캐글을 처음 접하는 사람이 캐글에서 무엇을 할 수 있고 무엇을 해야 하는지를 압축해서 알려주는 가이드입니다. 캐글 서비스의 주요 이용 사례, 경진 대회 참여 전에 알면 좋은 주요 서비스 사용 방법, 다양한 데이터 과학자와 경쟁하는 방법과 고수가 되는 비결을 소개합니다. 이 책을 순서대로 읽다 보면 캐글이라는 플랫폼에서 효율적으로 활동하는 방법을 자연스럽게 익힐 수 있습니다.

이 책의 내용

이 책은 크게 5장과 부록, 17개의 섹션으로 구성되어 있으며 각 장과 섹션의 내용은 다음과 같습니다.

📁 1장 캐글 소개

1장에서는 캐글이 무엇인지를 설명하고 캐글 서비스에는 어떤 것이 있는지와 활용 사례를 소개합니다.

섹션 01 캐글이란 무엇인가

캐글, 캐글러, 캐글링 등 캐글에서 사용하는 용어가 무엇인지 살펴봅니다. 그리고 데이터 과학 강의나 취업, 이직 서비스 등 경진 대회 이외의 캐글 서비스에는 어떤 것이 있는지 살펴봅니다.

섹션 02 캐글 활용 사례

데이터 분석 인프라 활용, 공개 데이터 세트 활용 등 캐글 활용 사례를 알아봅니다. 회사 연수에 활용한 사례, 전문가에게 질문하고 답을 얻는 등의 커뮤니케이션 방법에는 무엇이 있는지 알아봅니다.

섹션 03 다양한 경진 대회

초보자 대상으로 열리는 학습용 경진 대회, 현재 혹은 과거에 정기적으로 열린 경진 대회, 특수한 데이터를 다루고 평가하는 경진 대회 등 캐글의 다양한 경진 대회 사례를 살펴봅니다.

📁 2장 캐글 시작하기

캐글러가 되는 첫걸음인 회원 가입 과정과 머신러닝 강의 등을 살펴봅니다. 그리고 컨트리뷰터가 되는 데 필요한 사항은 어떤 것인지 알아봅니다.

섹션 04 캐글 첫걸음

캐글에 회원 가입하는 방법과 캐글에서 제공하는 머신러닝 강의를 활용하는 방법을 알아봅니다.

섹션 05 캐글 컨트리뷰터 되기

캐글러의 첫 번째 목표는 컨트리뷰터가 되는 것입니다. 사용자 등급 시스템을 이해하고 다양한 서비스에서 등급을 올리는 방법 등을 살펴봅니다.

📁 3장 노트북 자유자재로 다루기

경진 대회에서 다양한 캐글러와 경쟁하려면 캐글의 주요 서비스인 노트북을 효율적으로 다룰 줄 알아야 합니다. 3장에서는 캐글의 노트북을 사용하는 기본 및 응용 방법을 자세히 살펴봅니다.

섹션 06 노트북

1장보다 더 자세하게 캐글 노트북이 무엇인지 알아봅니다. 또한 캐글러끼리 노트북을 공유하면서 자신의 실력을 향상시키는 방법도 살펴봅니다.

섹션 07 노트북 사용하기

캐글 노트북의 두 가지 타입인 스크립트와 노트북이 무엇인지 자세히 살펴봅니다. 캐글 노트북에서 만든 코드를 경진 대회에 제출하고 순위를 확인하는 방법도 알아봅니다.

섹션 08 노트북 능숙하게 다루기

노트북의 공개/비공개 설정, GPU와 인터넷 사용 여부, 프로그래밍 언어 설정, 사용자 데이터 세트 활용, 외부 패키지 사용 등 노트북을 더 효율적으로 다루는 여러 가지 방법을 알아봅니다.

📁 4장 캐글의 경진 대회

캐글에 다양한 서비스가 있다고 해도 그중 핵심은 경진 대회입니다. 4장에서는 캐글의 경진 대회를 자세히 알아봅니다. 경진 대회에서의 노트북 역할, 경진 대회 사례와 기술 흐름, 경진 대회의 여러 가지 규칙과 종료 후 벌어지는 일 등을 살펴봅니다.

섹션 09 경진 대회와 노트북

타이태닉호 생존자 예측 경진 대회 사례와 함께 리더보드 사용 방법 및 경진 대회에서 사용하는 노트북의 종류를 살펴봅니다. 또한 기존 캐글러가 공개한 노트북 활용 방법도 살펴봅니다.

섹션 10 다양한 경진 대회

공개 노트북 7개와 함께 실제 경진 대회 사례를 살펴봅니다. 시간 순서대로 사례를 살펴보면서 경진 대회의 특징을 이해합니다. 또한 경진 대회에서 사용한 기술이 어떻게 발전되었는지 알아보고, 경진 대회에서 입상한 사람의 솔루션은 어떠했는지도 살펴봅니다.

섹션 11 경진 대회의 세부 사항

평가 함수 정의, 제출 결과 형식, 팀 편성 방식, 제출 기한의 제한 등 경진 대회의 규칙을 이루는 여러 가지 사항을 살펴봅니다. 또한 경진 대회가 끝난 후에도 해당 경진 대회에 관심 있는 사람이 참여하는 프라이빗 리더보드가 무엇인지도 살펴봅니다.

🗂 5장 캐글 마스터 지향하기

4장까지의 과정을 마쳤다면 아마 여러분 모두 캐글 컨트리뷰터가 되어 있을 것입니다. 5장에서는 캐글 익스퍼트, 더 나아가 캐글 마스터가 되려면 캐글 안에서 무엇을 해야 할지 살펴봅니다.

섹션 12 경진 대회 규칙 이해하기

어떤 경진 대회든 상위에 입상하려면 규칙을 상세하게 파악하는 것이 무엇보다 중요합니다. 여기에서는 평가 함수 정의, 1일 점수 확인 횟수 등 경진 대회의 규칙을 자세히 이해할 수 있도록 안내합니다. 그리고 캐글만의 특별한 경진 대회 방식인 노트북 경진 대회를 소개하고 그 규칙을 확인합니다.

섹션 13 데이터를 더 잘 이해하기

캐글 경진 대회에서 높은 순위에 입상하려면 무엇보다 주어진 데이터를 잘 이해해야 합니다. 여기에서는 데이터 분석 노트북 읽기, 더미 데이터 찾기 등 데이터를 이해할 수 있는 여러 가지 방법과 사례를 소개합니다.

섹션 14 최신 기술 살펴보기

자연어 처리 기술의 발전 흐름 사례로 최신 기술이 어떻게 캐글 경진 대회에 적용되었는지 살펴봅니다. 또한 깃허브 등에 공개된 경진 대회 입상자의 솔루션을 살펴보면서 머신러닝 모델의 튜닝 방법에 무엇이 있는지 알아봅니다.

섹션 15 캐글 데이터 세트와 API 활용하기

캐글에서 제공하는 데이터 세트와 API를 사용해 캐글을 효율적으로 활용하는 방법을 살펴봅니다. 데이터 세트 저장소로 캐글을 활용하는 방법과 여러분의 로컬 컴퓨터에서 캐글 API를 사용하는 방법을 알아봅니다. 또한 캐글 API로 머신러닝을 자동으로 실행하는 방법도 알아봅니다.

📁 부록 캐글에서 자주 사용하는 머신러닝 라이브러리와 프레임워크

부록에서는 캐글에서 자주 사용하는 LightGBM 프레임워크와 fast.ai 라이브러리의 간단한 사용 방법을 소개합니다.

섹션 16 LightGBM 사용하기

캐글 경진 대회는 경쟁을 한다는 특징 때문에 점수 향상과 직결되는 고성능의 라이브러리나 프레임워크가 필요합니다. 여기에서는 그중 하나로 결정 트리를 사용한 앙상블 학습 프레임워크인 LightGBM을 알아봅니다.

섹션 17 fast.ai 사용하기

fast.ai는 파이토치 기반의 딥러닝 라이브러리입니다. 신경망의 성능을 향상시키는 학습 기법 등을 미리 구현해 놓았으므로 좋은 점수를 쉽게 얻을 수 있습니다. 여기에서는 fast.ai의 기본 사용 방법을 알아봅니다.

실습 환경과 예제 파일

이 책은 기본적으로 인터넷에 접속할 수 있는 웹 브라우저만 있으면 모든 내용을 살펴볼 수 있습니다. 하지만 캐글 API 설치 등 로컬 컴퓨터에서 실행하는 몇 가지 과정을 해보려면 파이썬 3을 설치해야 합니다. 파이썬 3을 설치하는 방법은 동양북스 깃허브의 캐글 가이드 저장소(https://github.com/dybooksIT/kaggle-guide)에서 소개하는 파이썬 설치 방법[01]을 참고하기 바랍니다.

---

01 https://github.com/dybooksIT/kaggle-guide/blob/master/readme/pythoninstall.md

이 책의 예제 파일 구성은 다음과 같습니다.

example		이 책의 예제 파일 디렉터리를 의미합니다.
03_example.ipynb		3장에서 만든 노트북 예제 파일입니다.
20_newsgroups		3장에서 업로드할 사용자 데이터 세트 파일입니다.

참고 사이트

이 책을 다 읽은 후에 캐글에서 다양한 활동을 하고 싶다면 다음 사이트를 참고하기 바랍니다.

- 페이스북 캐글 코리아 그룹
  https://www.facebook.com/groups/KaggleKoreaOpenGroup
- 캐글 코리아 블로그
  https://kaggle-kr.tistory.com/
- Kaggle-knowhow
  https://github.com/zzsza/Kaggle-knowhow
- 한국인을 위한 (파이썬) 캐글 튜토리얼
  https://github.com/seriousran/kaggle-for-korean

이 외에도 다양한 참고 사이트가 새로 만들어지고 있습니다. 그중 유용한 참고 사이트는 https://github.com/dybooksIT/kaggle-guide에도 꾸준히 업데이트하겠습니다.

일러두기

이 책을 읽을 때 다음 사항을 참고하기 바랍니다.

- 이 책에서 설명하는 회사 이름·제품 이름 등은 각 회사의 상표 또는 등록 상표입니다.
- 이 책에서 ™, ©는 생략했습니다.
- 이 책은 지은이, 옮긴이, 편집자 등이 지은이의 실제 경험을 신중하게 검토해 집필·번역·편집했습니다. 하지만 이 책에서 소개하는 기술과 관련된 운용 결과의 모든 손해·장애는 책임지지 않습니다. 미리 양해 바랍니다.
- 이 책에서 다루는 내용은 2020년 7월 기준의 정보입니다.

이 책과 관련된 문의는 wizplan.dybooks.it@gmail.com으로 연락하기 바랍니다.

목차

📁 3장 노트북 자유자재로 다루기

📁 4장 캐글의 경진 대회

📁 5장 캐글 마스터 지향하기

1장

캐글 소개

캐글이란

캐글Kaggle은 데이터 분석 경진 대회를 주최하는 플랫폼입니다. 보통 회사의 연구 과제나 주요 서비스에 사용할 목적으로 분석이 필요한 데이터와 상금을 제공하면 뜻있는 데이터 과학자들이 서로 경쟁하면서 분석한 결과의 우수한 정도에 따라 상금을 나눠 갖는 생태계Ecosystem라고 생각하면 됩니다.

캐글이 등장하기 전 데이터 과학자들은 여러 회사의 데이터를 자신의 연구에 이용하고 싶다는 생각을 했고 회사들은 자사의 데이터를 쓸모 있게 활용하고 싶다는 생각을 했습니다. 그래서 캐글의 첫 플랫폼 형태는 이 요구 사항을 해결해야 한다는 점을 핵심 과제로 삼았습니다. 즉, 오픈된 커뮤니티에서 데이터 분석 경진 대회를 열고, 입상자는 데이터 분석용 프로그램과 알고리즘을 경진 대회 주관 회사에 제공합니다. 그러면 해당 회사는 상금과 캐글의 운영 비용을 제공하는 것이 초기 플랫폼의 본질이었습니다.

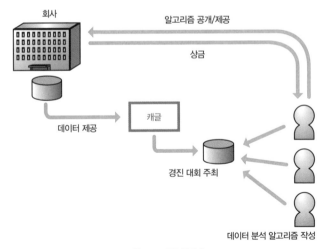

그림 1-1 캐글 생태계

그 뒤 인공지능Artificial Intelligence, AI과 머신러닝 붐이 일어나고 머신러닝을 이용한 데이터 분석이 일반화되면서 캐글 참가자도 계속 증가했습니다. 2017년 3월에는 구글의 모회사인 '알파벳Alphabet'에 인수되기도 했습니다.

알파벳의 지원으로 참가자가 증가하고 플랫폼 운영이 안정화되면서 캐글은 데이터 과학자들의 비즈니스 기회를 제공해주었을 뿐만 아니라 데이터 과학 관련 교육을 지원하는 등의 역할도 하게 되었습니다. 즉, 데이터 과학자들에게 캐글은 단순한 경진 대회 플랫폼이 아닌 중요한 포털 사이트가 되었습니다.

캐글에서 캐글러가 캐글링하기

인터넷에서 혁신적인 플랫폼이 등장하면 해당 플랫폼을 한마디로 표현하는 신조어가 만들어집니다. 실제로 검색 엔진 구글Google이 등장했을 때 "구글에서 정보를 검색한다"라는 뜻을 내포하는 신조어로 '-ing'를 붙인 구글링Googling이 만들어진 사례가 있습니다.

아직 '구글링'만큼 일반화되진 않았지만 캐글 역시 앞서가는 데이터 과학자들을 중심으로 신조어가 만들어졌습니다. 캐글에 모이는 사용자 혹은 대회 참가자를 캐글러Kaggler, 캐글에서 활동하거나 경진 대회에 참가해 경쟁하는 것을 캐글링Kaggling이라고 하기 시작한 것입니다.

경진 대회 이외의 캐글링

캐글은 경진 대회 주최뿐만 아니라 데이터 과학자나 인공지능 관련 인재를 회사와 연결하는 구인 페이지 **Jobs**를 제공합니다. 이는 머신러닝으로 데이터를 분석해야 하는 회사와 데이터 분석 능력을 갖춘 캐글러가 모인 생태계를 구축하겠다는 캐글 운영 측의 의도이기도 합니다.

아쉽게도 이 책을 쓰는 시점에는 아직 아시아 회사의 캐글 구인이 활성화되진 않았습니다. 하지만 캐글을 탄생시킨 미국뿐만 아니라 인도, 독일, 영국, 아일랜드 등 여러 나라의 회사가 세계적인 수준의 인재를 찾기 위해 캐글에서 구인 중입니다.

그림 1-2 Jobs 페이지

최근 캐글에서 신경 쓰는 분야는 데이터 과학자를 양성하기 위한 교육입니다. 그림 1-3은 캐글에서 제공하는 데이터 과학 관련 강의가 모인 **Courses** 페이지로 입문자 대상의 실용적인 교육 코스로 구성되었습니다. 구체적으로 살펴보면 파이썬(Python) 기초, 머신러닝 입문, 데이터 시각화 등이 있으며 데이터 분석에 필요한 여러 가지 개발 기술을 체계적으로 배울 수 있도록 설계했습니다.

머신러닝 분야는 새로운 기술이 기존 기술을 대체하는 속도가 매우 빠르므로 전통적인 교육 과정을 배우는 대학교 강의보다 캐글에 공개된 강의가 더 실용적일지도 모릅니다. 지금까지 교육 기관 등에서 머신러닝을 체계적으로 배우지 않고 독학한 엔지니어라면 캐글의 강의는 기초 지식을 다시 체계적으로 배울 기회를 제공해줍니다.

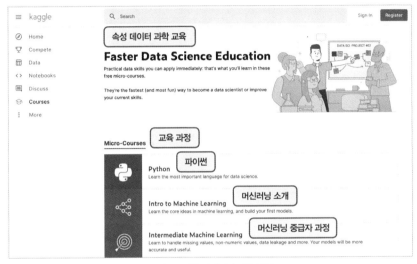

그림 1-3 캐글의 데이터 과학 강의

취업이나 이직에 유리한 캐글링

앞에서 캐글은 경진 대회 개최뿐만 아니라 머신러닝 엔지니어의 양성과 취업의 기회까지 제공하는 데이터 과학자의 포털 사이트라고 했습니다. 또한 인공지능 관련 인재를 찾는 회사나 헤드헌팅 회사는 전문 지식과 기술이 있는 데이터 과학자를 찾을 수 있다고도 했습니다. 실제로 캐글은 데이터 과학자와 인공지능 관련 인재가 다수 있는 초원 같은 곳이므로 인재를 찾을 기회의 장소입니다(저자 역시 헤드헌팅 회사에서 저자의 캐글 프로필을 보고 연락해 온 적이 있었습니다).

그렇다면 데이터 과학자를 찾는 회사가 왜 캐글과 캐글러들에 주목할까요? 그 이유 중 하나는 캐글이 부쩍 성장해 캐글러 수가 증가했기 때문입니다. 캐글러 수는 2017년 알파벳에서 인수한 시점에 8만4천 명 정도였으나, 2017년 말에는 14만 명, 2018년에는 25만 명으로 증가했습니다. 또한 실제로 열심히 활동하는 캐글러 수가 많은 것도 캐글의 특징입니다. 2018년 기준으로 15만5천 명의 캐글러가 캐글에서 활발하게 활동 중입니다.[01]

전 세계적으로 인공지능 관련 인재가 부족한 상황에서 활발하게 활동하는 회원이 많은 머신러닝 및 데이터 분석 커뮤니티는 캐글이 유일합니다. 중국의 IT 회사 텐센트와 구인·구직 사이트 BOSS[02]가 공동으로 발표한 '2017 글로벌 인공지능 인재 백서2017全球人工智能人才白皮[03]'는 전 세계 인공지능 관련 회사에서 활동하는 머신러닝 및 데이터 과학자 수를 약 30만 명으로 추정했습니다. 앞에서 소개한 캐글 통계와 연결하면 2017년 기준 인공지능이나 데이터 과학 분야에서 일하는 사람의 절반 가까이가 캐글에서 활동한다는 의미입니다. 캐글 커뮤니티가 얼마나 대단한지 짐작할 수 있을 것입니다.

또한 앞의 백서는 전 세계 367개 교육 기관에서 연간 약 2만 명의 인공지능 관련 인재를 양성한다고 했습니다. 그런데 교육 기관에서 양성하는 인공지능 관련 인재보다 캐글러 수가 더 빠르게 증가하고 있습니다. 인공지능 분야에서 캐글러의 영향력이 점점 커진다는 의미입니다.

---

01 캐글 공식 블로그 참고(http://bit.ly/2OIYlox)
02 옮긴이: https://www.zhipin.com
03 옮긴이: http://bit.ly/2Uhnl3U, https://cloud.tencent.com/developer/article/1188881

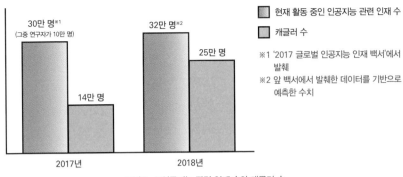

그림 1-4 인공지능 관련 인재 수와 캐글러 수

물론 캐글러 전체가 회사 등에서 활동 중이라고 할 수 없으므로 정확한 통계 자료는 아닙니다. 그러나 앞 백서에서 80만 명이 부족하다고 주장한 인공지능 관련 인재를 찾을 경우라면 캐글 커뮤니티와 캐글러는 무시할 수 없습니다.

또한 캐글의 경진 대회는 오픈 커뮤니티 기반에서 참가자가 경쟁한다는 특징이 있습니다. 이는 경진 대회에 참가한 캐글러의 분석 능력을 확인하기 쉽다는 뜻이기도 합니다. 더욱 우수한 인재를 확보하려는 회사가 캐글에 주목하는 이유 중 하나입니다.

캐글링하기

캐글은 데이터 과학자의 포털 사이트를 표방합니다. 여기서 '과학자'는 개인적으로 데이터 분석에 관심이 있어 공부나 연구할 '생각'이 있는 사람을 말합니다. 대학이나 연구 기관이 주관하는 학회처럼 특정 학위가 필요하지 않습니다.

실제로 캐글은 데이터 과학자가 아니라도 참가할 수 있으며, 어떤 자격도 필요하지 않습니다. 지금까지 컴퓨터 기반의 데이터 분석을 전혀 경험해보지 못한 '아마추어'도 아무 문제 없이 캐글에서 공부하며 스스로 실력을 키울 수 있습니다.

이 책은 이러한 데이터 과학 입문자가 캐글에서 어떻게 학습하면 좋을지 안내할 목적으로 집필했습니다.

캐글의 공용어

캐글은 전 세계에서 자유롭게 이용하는 커뮤니티이므로 다양한 국가의 참가자가 모입니다. 그래서 캐글 안에서는 영어를 공용어로 사용합니다. 캐글 안 의사소통은 기본적으로 영어가 중심이고, 프로그래밍 언어는 파이썬과 R을 많이 사용합니다.

경진 대회 상위 입상자의 국적을 보면 러시아, 인도, 중국, 이스라엘 등 다양합니다(프로필 기준이므로 실제 해당 국적이 맞는지 확인할 방법은 없습니다). 이렇게 캐글러의 국적이 다양하더라도 경진 대회 참가 공지와 **토론**Discussion은 모두 영어로 이루어집니다.

데이터 세트도 대부분 영문 데이터를 사용합니다. 이는 영어권이 아닌 국가에서 캐글에 데이터 세트를 제공해도 마찬가지입니다. 예를 들어 2020년 한국의 COVID-19 현황을 제공하는 데이터 세트인 Data Science for COVID-19 (DS4C)[04]는 감염 지역, 확진자 수, 감염 경로 등의 데이터를 제공합니다. 이 데이터 세트의 설명과 데이터도 영어로 구성되어 있습니다.

모국어가 영어가 아닌 캐글러는 데이터 세트가 무엇인지 파악하는 등 캐글에 적응하는 데 약간의 시간이 걸릴 수도 있습니다. 하지만 크게 걱정할 필요는 없습니다. 저자의 경험상 캐글의 기술 토론은 직접 얼굴을 맞대고 영어로 말하거나 듣는 상황이 없습니다. 또한 모국어 특유의 미묘한 표현을 활용할 상황도

---

04 옮긴이: https://www.kaggle.com/kimjihoo/coronavirusdataset

거의 없습니다. 구글 번역 같은 서비스를 잘 활용하면 고등학교 수준의 영어로
도 캐글을 충분히 활용할 수 있습니다.

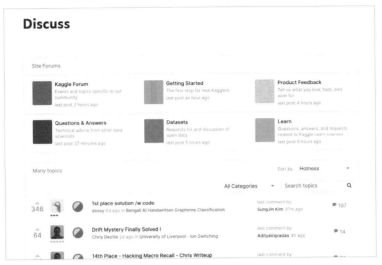

그림 1-5 Discuss 페이지

캐글링에 필요한 지식

캐글은 프로그래밍이나 머신러닝 지식이 없어도 데이터 분석 분야와 관련 있는
사람이라면 누구나 참가할 수 있는 플랫폼입니다. 예를 들어 회사의 채용 담당
자가 데이터 과학자를 찾는 것은 기술적 배경과는 무관한 활동입니다. 또한 머
신러닝 지식이 없어도 캐글에서 제공하는 머신러닝 입문용 온라인 강의를 듣
거나 단순한 토론에 참가하다 보면 머신러닝 초보자라도 충분히 캐글링할 수
있습니다.

그러나 경진 대회에 참가하려면 데이터 분석이나 머신러닝 지식이 필요합니다.
또한 데이터를 제공해 경진 대회를 개최하는 회사 등도 보안을 고려해 데이터

안의 개인 정보를 없애거나, 옳지 않은 분석 기법으로 경쟁에 참가하려는 캐글러를 구별할 수 있는 데이터 관련 지식이 필요합니다.

캐글에서 데이터를 분석할 때는 보통 파이썬이나 R로 프로그래밍합니다. 특히 캐글의 프로그램 실행 환경인 **노트북**Notebooks[05]은 두 언어 중 하나를 필수로 사용합니다. 따라서 해당 프로그래밍 언어 지식이 있으면 유리합니다.

뒤에서 소개하겠지만 프로그래밍 언어로 데이터를 분석할 필요가 없는 특별한 경진 대회가 열리기도 합니다. 하지만 원칙적으로 캐글의 경진 대회는 파이썬이나 R로 분석용 프로그램을 작성해야 합니다.

회사 안에 활용할 만한 데이터가 있지만 분석할 만한 여건이 안 된다면 캐글 경진 대회를 여는 것도 좋은 선택입니다. 경진 대회를 열면 캐글러들의 지원을 받을 수 있기 때문입니다.

표 1-1 캐글 참가에 필요한 지식

목적	필요한 지식
경진 대회 참가(참가자)	데이터 분석과 연관된 파이썬과 R 지식
기술 습득(토론)	영어
캐글러에게 연락(인재 검색)	영어
경진 대회 주최(데이터 제공)	데이터 분석, 영어
머신러닝 기초 학습	영어

준비해야 할 것

캐글은 웹 기반 플랫폼이므로 (당연하지만) 인터넷에 연결되어 있어야 합니다. 또한 데이터 분석 작업은 일부 특수한 경진 대회를 제외하면 파이썬이나 R 프

---

05 옮긴이: 예전에는 커널(Kernel)이라고 했습니다.

로그래밍이 중심입니다. 따라서 태블릿 등의 모바일 기기보다는 파이썬이나 R 을 충분히 활용할 수 있는 로컬 컴퓨터를 사용하는 것이 바람직합니다. 이러한 준비를 마쳤다면 자유롭게 캐글링할 수 있습니다.

머신러닝이라면 GPU를 다수 탑재한 고성능 워크스테이션이나 서버에서 며칠 씩 복잡한 연산을 실행하는 이미지를 떠올릴지도 모릅니다. 하지만 캐글은 높은 사양의 로컬 컴퓨터가 꼭 필요하지 않습니다. 앞으로 살펴볼 캐글의 노트북을 이용하면 GPU 등의 연산 자원을 설정해 머신러닝 프로그램이나 분석용 프로그램을 실행할 수 있기 때문입니다.

물론 경진 대회 상위에 오르려면 자유롭게 사용할 고성능 머신을 갖추는 것이 압도적으로 유리합니다. 본격적으로 캐글 경진 대회에 참가하려면 머신러닝용 최신 워크스테이션을 구매하는 것도 생각해보기 바랍니다. 또한 로컬 컴퓨터에서 데이터 분석용 빅데이터를 저장할 저장 장치도 필요하므로 대용량의 HDD 또는 SSD를 갖추면 좋습니다.

지금까지 소개한 내용을 정리하면 다음과 같습니다.

- 필수
  - 인터넷
  - 파이썬이나 R 프로그래밍이 가능한 로컬 컴퓨터
- 권장
  - GPU 탑재 서버 또는 머신러닝용 워크스테이션
  - 대용량의 HDD 또는 SSD

경진 대회 상위를 목표로 하는 캐글러가 로컬 컴퓨터의 연산 능력을 활용하는 방법은 5장에서 다룰 것입니다.

데이터 분석 인프라로 활용하기

캐글은 웹 기반으로 데이터 분석에 필요한 도구를 제공하므로 특별한 고성능의 로컬 컴퓨터 없이도 머신러닝 등의 데이터 분석이 가능합니다. 또한 캐글은 데이터 과학자들이 모이는 포털이자 SNS의 특징도 있는 커뮤니티이므로 캐글러와 함께 경쟁할 때도 있고, 문제의 해결 방안을 찾으려고 협력할 때도 있습니다. 즉, 캐글은 데이터 분석의 훌륭한 인프라 역할을 하는 것입니다.

노트북

노트북은 캐글에서 제공하는 데이터 분석용 프로그래밍 환경입니다. 웹상의 코드 편집기에 코드를 작성하면 서버에서 해당 프로그램을 실행해 결과를 반환하는 SaaSSoftware as a Service[06] 환경입니다. 머신러닝 프로그램 실행용 서버와 프로그래밍 환경을 제공하므로 캐글러는 별도의 개발 환경을 구축할 필요 없이 머신러닝 프로그램을 작성 및 실행할 수 있습니다.

노트북이라는 이름은 인터랙티브한 프로그램 개발 환경인 주피터 노트북Jupyter Notebook에서 유래한 것입니다. 캐글에서 제공하는 노트북도 주피터 노트북을 참고해 만들었으므로 개발 환경이 비슷합니다.

---

06 옮긴이: 소프트웨어 및 관련 데이터는 서버에서 호스팅하고 사용자는 웹 브라우저 등의 클라이언트로 접속해 소프트웨어를 사용하는 모델입니다.

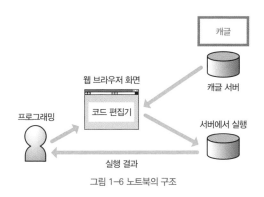

그림 1-6 노트북의 구조

노트북에서는 보통 4코어 CPU와 16GB RAM을 연산 자원으로 제공합니다. GPU 기반 서버는 2코어 CPU+GPU와 13GB RAM을 제공합니다.[07]

캐글은 놀랍게도 이러한 연산 자원과 노트북을 사용 횟수 제한 없이 무료로 제공합니다. 또한 1주일에 30시간 동안은 GPU를 자유롭게 사용할 수 있습니다.[08]

캐글 노트북은 최신 CPU나 GPU로 구성한 로컬 컴퓨터와 비교하면 빠르지 않지만 GPU를 이용해 나름 괜찮은 속도로 머신러닝 기반의 데이터를 분석할 수 있습니다. GPU를 포함한 서버나 워크스테이션의 구매 비용을 고려한다면 환경 설정이 필요 없고 요금을 내지 않는 캐글 노트북은 큰 매력이 있습니다.

노트북의 실제 활용법은 앞으로 자세히 소개하겠습니다.

공개 데이터 세트 활용하기

머신러닝 기반의 데이터 분석 프로그램을 개발할 때 가장 먼저 고민하는 점은 학습할 **데이터 세트**Datasets를 준비하는 것입니다. 캐글에서도 보통 학술 목적이

---

07 번역 시점의 제공 자원입니다.
   https://www.kaggle.com/docs/notebooks#technical-specifications
08 https://www.kaggle.com/general/108481

라면 누구나 사용할 수 있는 공개 데이터 세트로 머신러닝 알고리즘을 개발합니다. 예를 들어 캘리포니아 대학교 어바인University of California, Irvine에서 제공하는 'UCI 머신러닝 저장소UCI Machine Learning Repository[09]' 데이터 세트를 캐글에 불러와서 사용하는 것입니다.

또한 캐글에 공개된 다양한 데이터 세트를 사용해 분석용 프로그램을 개발할 수 있습니다. UCI 머신러닝 저장소처럼 이미 공개된 것과 캐글러가 직접 만들어 공개한 것이 있습니다. 캐글은 이렇게 다양한 데이터 세트를 쉽게 검색할 수 있도록 했습니다. 또한 노트북으로 데이터 분석 알고리즘을 개발할 때 캐글 안에 공개된 데이터 세트를 검색해 사용할 수 있습니다.

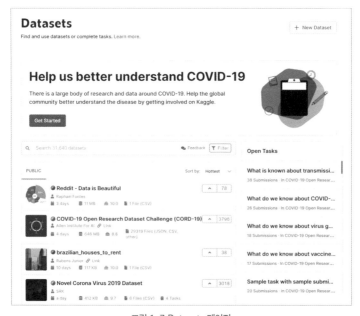

그림 1-7 Datasets 페이지

---

09 https://archive.ics.uci.edu/ml/index.php

프라이빗 설정 활용하기

데이터를 분석할 개발 환경이 구축되었어도 분석용 데이터를 마음대로 활용하지 못할 때가 있습니다. 보통은 일반인에게 공개하고 싶지 않은 회사 고유의 데이터 세트를 분석하는 상황입니다.

이때는 데이터 세트나 노트북을 캐글에 업로드하지만 외부에 공개되지 않도록 설정해 분석할 수 있습니다. 즉, 데이터 세트와 분석 알고리즘 개발 모두 캐글 인프라를 활용하지만 외부에는 공개되지 않도록 설정하는 것입니다.

단, 데이터 세트나 노트북을 한 번이라도 공개로 설정하면 캐글 규정에 따라 자동으로 아파치Apache 2.0 라이선스[10]가 적용되므로 신중하게 공개 여부를 결정하기 바랍니다.

캐글에서 머신러닝 프로그램을 개발할 때의 장점

머신러닝 프로그램 개발에 캐글 인프라를 사용하면 무료라는 점 이외에도 별도의 개발 환경 구축, 서버의 유지 보수 등을 신경 쓸 필요가 없다는 장점이 있습니다.

실제로 머신러닝 프로그램에서 사용하는 라이브러리나 프레임워크는 여러 종류가 있습니다. 이러한 라이브러리나 프레임워크가 설치된 서버를 최신 혹은 무결성을 보장하는 환경으로 유지하려면 굉장한 노력과 시간이 필요합니다. 또한 어떤 데이터를 분석할 때마다 클라우드 서비스에 가상 머신을 만들고 머신러닝 개발 환경을 하나하나 설치하는 것은 은근히 부담되는 작업입니다.

---

10 옮긴이: 누구나 해당 소프트웨어에서 파생된 프로그램을 만들 수 있으며 저작권을 양도, 전송할 수 있는 권한이 있는 라이선스입니다.

캐글의 개발 환경은 이러한 서버 관리나 환경 구축의 번거로움을 줄여줍니다. 머신러닝 기반으로 데이터 분석에 사용할 라이브러리 대부분을 준비 및 설치해 놓았으며 언제나 최신 혹은 안정 버전을 사용할 수 있도록 관리가 이루어지기 때문입니다.

회사 연수에 활용하기

본격적인 데이터 분석 작업에 들어가기 전 소규모의 테스트 프로그램을 실행하거나 학습 목적으로 단기간에 프로그램을 작성하고 실행해야 할 상황이 있습니다. 이때 웹 기반으로 개발 환경을 제공하는 캐글의 장점이 극대화됩니다.

저자 역시 캐글에서 신경망 기반 머신러닝 프로그래밍을 작성하는 직원 연수를 진행한 적이 있습니다. 120분 동안 다음 순서로 연수를 진행하면서 신경망의 기본 원리를 이해할 수 있도록 설명했습니다.

1. 캐글 회원 가입
2. 직원들은 저자가 경진 대회에 제출한 노트북을 복사하고 실행할 준비
3. 노트북에 작성한 신경망 모델 수정
4. 수정한 신경망 모델의 실행 결과를 경진 대회에 제출하고 평가 점수 확인

이때 캐글을 이용하지 않고 실습하면 보통 다음 과정을 거칩니다.

1. 연수용 로컬 컴퓨터에 머신러닝 프로그래밍 환경 구축
2. 연수받는 직원에게 미리 만들어 놓은 머신러닝 프로그램 예제 배포
3. 신경망 실행 결과를 점수로 평가하는 프로그램 작성
4. 실습 중에 배포한 신경망 모델의 평가 점수 확인
5. 예제의 신경망 모델 수정
6. 실행 결과에 따라 평가 점수가 변하는 것을 확인

두 과정을 비교하면 캐글 쪽이 더 간편하며 비용도 줄일 수 있는데, 이는 다음과 같은 이유 때문입니다.

- 인터넷에 접속할 수 있다면 실습에 필요한 프로그래밍 환경을 준비하지 않아도 됨
- 경진 대회에 프로그램 실행 결과를 제출하면 평가 점수를 확인할 수 있음
- 별도의 평가 점수 코드 작성을 생략할 수 있음

캐글러에게 질문하기

앞에서 설명했듯이 캐글의 핵심은 데이터 분석 경진 대회입니다. 흥미로운 점은 경진 대회의 본질이 경쟁임에도 캐글러끼리의 교류가 매우 활발하다는 것입니다. 전쟁터 같은 살벌한 분위기가 없습니다.

모르는 것이 있으면 메인 페이지의 **Discuss** 혹은 경진 대회의 **Discussion** 페이지에 부담 없이 질문하면 됩니다. 캐글은 전 세계 캐글러가 질문에 답해주는 친절함이 넘치는 커뮤니티입니다. 데이터를 분석하다가 생긴 의문점을 묻고 답변이나 힌트를 얻는 장소로 캐글을 잘 활용할 수 있습니다.

커뮤니케이션 사례

캐글의 공용어인 영어에 익숙하지 않아서 토론 참가를 주저하는 분이 있을지도 모릅니다. 이번에는 저자가 어떤 경진 대회의 Discussion 페이지에서 경험한 사례와 함께 캐글에서 어떻게 의사소통을 하는지 살펴보겠습니다.

저자는 Nomad2018 Predicting Transparent Conductors[11]라는 경진 대회에 참가한 적이 있는데, 이는 일반적인 데이터 분석 경쟁이 아니라 물리학 문제를 푸는 유형이었습니다. 데이터를 분석해 정답을 예측한다는 점은 다른 경진 대회

---

11 https://www.kaggle.com/c/nomad2018-predict-transparent-conductors

와 같지만 반도체 안 분자 구조의 밴드 갭Band gap[12] 크기를 예측하는 응집물질물리학 문제를 해결해야 한다는 것에서 차별화 지점이 있습니다.

구체적으로는 금속 산화물의 응집으로 이루어진 결정의 구조 데이터로 밴드 갭 크기를 분석하므로 데이터 세트로는 낯선 xyz[13]라는 파일을 제공합니다. 따라서 이 경진 대회는 응집물질물리학, 특히 결정의 구조에 관한 전문 지식이 필요합니다. 해당 지식이 없으면 주어진 데이터는 단순한 숫자에 불과할 뿐 의미에 맞게 제대로 다룰 수가 없습니다.

저자는 응집물질물리학 초보이므로 이 경진 대회에 참가할 만한 전문 지식은 없었습니다. 하지만 인터넷 등에서 관련 내용을 검색한 결과 밴드 갭의 변화와 관계있는 전자구름의 분포를 계산하는 프로그램을 작성하면 대회에 참가할 수 있다고 생각했습니다. 그래서 경진 대회의 Discussion 페이지에 게시물을 올려 그 방법을 물어봤습니다.

다음은 질문과 답변 내용입니다. 먼저 격자 안 점 사이의 모든 원자가 갖는 중력의 역제곱으로 전자구름의 분포를 계산할 수 있다고 생각하여 이를 구현한 예제 코드와 함께 질문[14]을 올렸습니다.

---

12 옮긴이: 띠 틈, 띠 간격 또는 에너지 틈(energy gap)이라고도 합니다. 반도체나 절연체의 띠 구조에서 전자가 존재할 수 없는 공간(에너지 금지 대역)을 뜻합니다.
13 옮긴이: 화학 분야의 분자를 나타내는 파일 형식 중 하나입니다. 보통 첫 번째 행에는 원자 수, 두 번째 행에는 주석, 세 번째 행부터는 원자 기호(또는 원자 번호)와 분자의 X, Y, Z축 좌푯값을 나타내는 데이터가 들어 있습니다.
14 옮긴이: https://www.kaggle.com/c/nomad2018-predict-transparent-conductors/discussion/48965

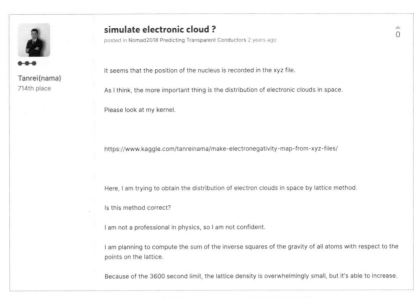

그림 1-8 경진 대회의 Discussion 페이지에 올린 질문

xyz 파일에는 원자의 위치가 있는 것 같습니다.
그러나 더 중요한 것은 전자구름의 분포라고 생각합니다.

(예제 코드 링크)

저는 격자법(lattice method)으로 전자구름의 분포를 계산할 생각입니다. 구체적으로는 격자 안 점 사이의 모든 원자가 갖는 중력의 역제곱 합을 계산하는 것입니다. 이 방법이 맞을까요? 물리학 전문가가 아니라서 자신이 없습니다.

그러자 응집물질물리학 연구에서 사용하는 도구로 전자구름의 분포에 해당하는 판데르발스 표면Van der Waals surface[15]을 계산할 수 있으므로 굳이 별도의 계산 프로그램을 작성하지 않아도 된다는 답변을 얻었습니다.

Jeff van Santen · (227th in this Competition) · 2 years ago · Reply

It is possible to calculate a van der Waal surface from the xyz files using various molecular simulation tools. I would look at Avogadro or something similar. Combining a simple molecular representation with the provided crystal parameters could provide some predictive power.

그림 1-9 게시물의 답변

다양한 분자 시뮬레이션 도구를 사용할 수 있습니다. 예를 들어 xyz 파일로 판데르발스 표면을 계산할 수 있는 아보가드로(Avogadro)[16] 등이 있습니다.

결국 문제에서 제공한 결정 구조의 파라미터(분자의 X, Y, Z 축 좌푯값)와 분자 표현을 조합하면 밴드 갭 크기를 어느 정도 예측할 수 있습니다.

이렇게 인터넷 검색과 경진 대회의 Discussion 페이지에 질문하는 것으로 해당 분야의 전문 지식 없이 경진 대회의 데이터 파일을 해석하는 응집물질물리학 분석 도구를 소개받았습니다. 덕분에 불필요한 코드 작성의 수고를 줄일 수 있었습니다.

개방적인 커뮤니티 분위기

여러분이 전문 지식이나 기술을 갖추지 못했더라도 관심 있는 경진 대회나 토론에 참가하는 것은 큰 의미가 있습니다.

---

15 옮긴이: 분자가 다른 분자와 상호작용하는 표면을 추상적으로 나타내는 모델입니다. 요하너스 디데릭 판데르발스의 이름에서 유래했습니다.
https://en.wikipedia.org/wiki/Van_der_Waals_surface 참고
16 옮긴이: 전산화학, 분자 모델링, 재료과학에서 사용하는 고급 분자 편집 프로그램입니다.
https://ko.wikipedia.org/wiki/아보가드로_(소프트웨어) 참고

아직 데이터 분석 관련 지식이 부족하다고 느끼는 분이라면 엉뚱하거나 너무 수준 낮은 질문을 올려 망신당할까 두려울 수도 있을 것입니다. 하지만 대다수 캐글러는 그다지 신경을 쓰지 않을 것입니다. 토론에 참가하는 캐글러는 서로를 공통 관심사와 기술로 연결된 동료라고 생각하므로 매우 친절합니다.

이러한 분위기는 예전의 오픈 소스 커뮤니티의 기술 토론을 떠올리게 합니다. 캐글 역시 초보자도 참가하기 쉬운 분위기라고 생각합니다.

일반적인 주제를 다루는 Forum

캐글러의 주요 소통 공간인 Discuss 페이지는 여러 가지 주제를 토론하는 **topic**과 데이터 과학 관련 일반 주제를 다루는 **Forum**으로 나뉩니다. topic은 경진 대회 관련 주제를 다루고, Forum은 경진 대회와 무관한 주제를 다룹니다.

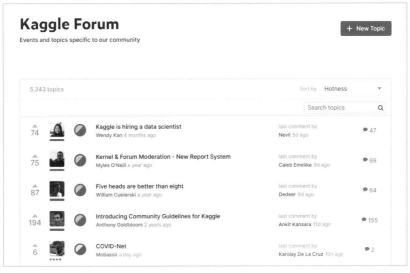

그림 1-10 Kaggle Forum

표 1-2는 캐글의 주요 Forum 목록입니다.

표 1-2 Forum 주요 목록

Forum 이름	다루는 내용	URL
Kaggle Forum	캐글과 관련 있는 이벤트와 주제	https://www.kaggle.com/general
Getting Started	초보 캐글러에게 필요한 주제	https://www.kaggle.com/getting-started
Product Feedback	캐글 기능이나 버그 관련 주제	https://www.kaggle.com/product-feedback
Questions & Answers	일반적인 질문과 답변. 다른 데이터 과학자가 주는 기술 조언	https://www.kaggle.com/questions-and-answers
Datasets	데이터 세트 관련 내용. 공개 데이터를 요청하거나 관련 내용으로 토론	https://www.kaggle.com/data
Learn	캐글 데이터 과학 강의 관련 질문, 답변, 요청	https://www.kaggle.com/learn-forum

각 Forum의 메인 페이지에는 다양한 주제의 목록이 나타나며 게시물마다 스레드 형태로 질문, 답변, 토론이 이루어집니다.

학습용 경진 대회

캐글에는 1년 내내 회사 등에서 상금을 거는 경진 대회뿐만 아니라 회사 후원 없이 열리는 경진 대회도 많습니다. 이번에는 캐글에서 열리는 다양한 경진 대회를 소개합니다.

초보자 대상의 Getting started

캐글이 머신러닝 연구용 데이터 세트를 사용해 여는 경진 대회가 있습니다. 캐글 메인 페이지 왼쪽에서 **Compete**를 누른 후 **All Competitions** 오른쪽에 있는 드롭다운 메뉴에서 **Getting started**를 선택하면 초보자 대상의 학습용 경진 대회 목록만 볼 수 있습니다.

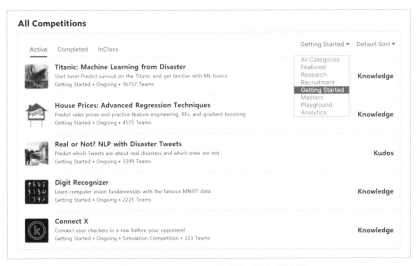

그림 1-11 Getting started에 속하는 경진 대회 목록

지금까지 머신러닝이나 딥러닝의 학습 또는 테스트 사례로 자주 등장했던 MNIST나 주택 가격 예측을 활용하는 등의 여러 가지 경진 대회가 열리고 있습니다. 그중 **Digit Recognizer**(필기체 숫자 이미지 인식)[17], **House Prices: Advanced Regression Techniques**(부동산 가격 예상 회귀분석)[18], **Titanic: Machine Learning from Disaster**(타이태닉호 생존자 예측)[19]는 머신러닝을 배울 때 '반드시'라고 해도 좋을 만큼 자주 등장하는 데이터를 사용합니다.

방금 소개한 경진 대회의 데이터 세트는 일반적인 머신러닝 알고리즘의 테스트 등에도 사용합니다. 예를 들어 새롭게 만든 머신러닝 알고리즘에 해당 데이터 세트를 적용해 성능 등을 테스트하는 것입니다. 또한 각종 교육에서 머신러닝이나 딥러닝 개념을 제대로 이해했는지 확인하는 데도 활용할 수 있습니다.

Getting started에 속하는 경진 대회의 목적은 초보자가 캐글 사용법과 머신러닝 프로그래밍의 기본을 배우는 것입니다. 그래서 종료일 없이 경진 대회가 이어지며 최종 입상자를 결정하지 않습니다. 사용 중인 데이터 세트도 이미 공개된 것이므로 이미 알려진 '정답'을 이용해 100% 완벽한 결과를 제출할 수 있습니다. 경쟁하여 순위를 매길 필요가 없는 것입니다.

또한 경진 대회에 참가하는 캐글러는 **리더보드**Leaderboard의 **점수**Score를 참고해 자신의 머신러닝 알고리즘이 어느 정도 수준인지 알 수 있습니다. 참고로 리더보드는 일정 기간이 지나면 초기화됩니다.

---

17 https://www.kaggle.com/c/digit-recognizer
18 https://www.kaggle.com/c/house-prices-advanced-regression-techniques
19 https://www.kaggle.com/c/titanic

머신러닝 엔지니어의 놀이터 Playground

그림 1-11의 **All Categories**에서 **Playground**를 선택했을 때 나타나는 경진 대회가 있습니다. Playground는 놀이터라는 뜻이며 머신러닝 엔지니어와 데이터 과학자가 흥미롭다고 느끼는 문제 위주로 경진 대회가 열립니다.

단, 'Playground = 쉬운 문제'는 아닙니다. 주로 최근에 발표한 학술·기술적 문제나 공공 문제 해결 등을 다룹니다. 또한 주최자가 상금을 내놓거나 경품을 제공할 때도 있습니다. 예를 들어 구글 클라우드 TPU에서는 최근에 발표한 TPU_{Tensor Processing Unit}[20]의 성능을 평가받고 싶어 Flower Classification with TPUs(TPU를 사용한 꽃 분류)라는 경진 대회를 열었습니다. 머신러닝 연산에 필요한 TPU 가속기와 라즈베리 파이 4 등을 경품으로 제공했습니다.

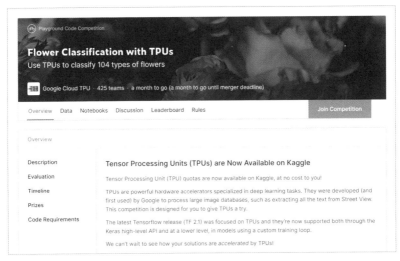

그림 1-12 Flower Classification with TPUs 경진 대회

---

20 옮긴이: 구글에서 2016년 5월에 발표한 데이터 분석 및 딥러닝용 하드웨어입니다.
https://ko.wikipedia.org/wiki/텐서_처리_장치 참고

또 다른 예는 캐글에서 직접 주최한 New York City Taxi Trip Duration[21] 경진 대회가 있습니다. 승차 시간 예측을 개선하려고 '뉴욕 택시&리무진 위원회NYC Taxi and Limousine Commission'에서 제공한 데이터 세트를 바탕으로 뉴욕시의 택시 여행 기간을 예측했습니다.

회사의 제품이나 서비스 개발과 관련은 없었지만 총 $30,000의 상금을 걸었습니다. 공적인 문제를 해결하려는 목적을 두었기 때문입니다.

정기 경진 대회

캐글의 경진 대회는 매번 다른 주제로 열리지만 정기 혹은 연례로 열리는 특별한 경진 대회는 어느 정도 공통된 주제를 다룹니다. 한 가지 주제를 깊이 연구하려는 캐글러에게 알맞습니다.

Traveling Santa 경진 대회

2012년과 2018년에 열린 'Traveling Santa(산타 여행)'라는 경진 대회가 있습니다. 특히 Traveling Santa 2018 – Prime Paths[22]는 머신러닝 모델이 아닌 수학 알고리즘으로 문제를 해결해야 한다는 조건이 있습니다.

이 경진 대회는 순록 그림에서 얻는 점의 좌표를 도시의 위치로 가정한 후 "모든 도시에 선물을 나눠주려면 산타클로스가 어떻게 순회할 것인가"라는 문제를 제시합니다.

---

21 https://www.kaggle.com/c/nyc-taxi-trip-duration/
22 https://www.kaggle.com/c/traveling-santa-2018-prime-paths

그림 1-13 Traveling Santa 경진 대회

좌표를 순회하는 경로를 연결해 그림 1-14 같은 순록 이미지와 매칭하는 것이
일상화된 캐글러도 있다고 합니다.

그림 1-14 경진 대회에 제출한 순회 경로의 예

경진 대회의 핵심은 수학 그래프 이론의 최단 경로 문제를 푸는 것입니다. 원래는 수학 기반의 솔루션이 있지만 경진 대회에서는 특정 경로에 조건을 설정하므로 단순한 방법으로는 해결할 수 없습니다. 문제의 조건을 수식으로 조합해 정답을 확실하게 계산해야 합니다.

보통 머신러닝 모델을 사용한 경진 대회는 통계 기반으로 데이터 분석 결과를 내므로 100% 옳은 답은 없습니다. 하지만 Traveling Santa 경진 대회는 100% 옳은 답을 제출할 때도 많습니다(100% 옳은 답이 여러 개 제출되었다면 선착순으로 순위를 매깁니다).

NCAA ML Competition 경진 대회

또 다른 정기 경진 대회로는 'NCAA ML Competition(NCAA 머신러닝 경진 대회)'이 있습니다. NCAA는 전미 대학 체육 협회National Collegiate Athletic Association 의 줄임말로, 미국 및 캐나다 대학의 스포츠 클럽 활동을 관리하는 협회입니다. 대학 스포츠 리그전 등을 엽니다.

NCAA ML Competition 경진 대회는 매년 NCAA가 주관하는 스포츠 대회가 열리기 전 남자부와 여자부로 나눠 결과를 예측합니다. 예를 들어 2019년에는 Google Cloud & NCAA® ML Competition 2019-Men's[23], Google Cloud & NCAA® ML Competition 2019-Women's[24]라는 별도의 경진 대회가 열렸습니다.

---

23 https://www.kaggle.com/c/mens-machine-learning-competition-2019
24 https://www.kaggle.com/c/womens-machine-learning-competition-2019

그림 1-15 NCAA ML Competition 경진 대회

경진 대회 마감 시점은 그해의 NCAA 대회가 열리기 전입니다. 따라서 NCAA 대회 진행 기간에 제출된 데이터를 조금씩 평가하며, 대회가 끝난 후 최종 순위를 확정합니다. 경진 대회에 참가한 캐글러는 대회 중계를 보면서 제출한 예측 결과가 어느 정도 맞는지 확인할 것입니다.

정기적으로 열릴 것으로 예상하는 경진 대회

캐글이 발전할수록 정기 경진 대회는 점차 늘어날 것으로 생각합니다. 예를 들어 컴퓨터 비전Computer Vision[25] 분야의 '이미지넷ImageNet[26]'은 오랫동안 연구용 이미지 데이터 세트를 제공했고, 이미지 인식 모델 대회 등을 열었습니다. 지금도 이미지넷에서는 캐글에 ImageNet Object Localization Challenge[27]라는 연구용 경진 대회를 엽니다.

---

25 옮긴이: 사람의 눈으로 할 수 있는 일을 대신 수행하는 자율적인 시스템을 만드는 기술입니다.
   https://ko.wikipedia.org/wiki/컴퓨터_비전 참고
26 http://www.image-net.org/
27 https://www.kaggle.com/c/imagenet-object-localization-challenge

또한 구글의 '오픈 이미지Open Images[28]'에서 제공하는 데이터 세트를 사용해 경진 대회가 열리기도 합니다. 오픈 이미지를 관리하는 '구글 리서치Google Research'는 컴퓨터 비전의 문제 유형에 따라 여러 대회를 동시에 엽니다. 예를 들어 2018년에는 Google AI Open Images − Visual Relationship Track[29]과 Google AI Open Images − Object Detection Track[30]이 열렸습니다.

그림 1-16 Google AI Open Images 경진 대회

2019년에는 Open Images 2019 − Object Detection[31], Open Images 2019 − Visual Relationship[32], Open Images 2019 − Instance Segmentation[33]이라는 세

28 https://storage.googleapis.com/openimages/web/factsfigures.html
29 https://www.kaggle.com/c/google-ai-open-images-visual-relationship-track
30 https://www.kaggle.com/c/google-ai-open-images-object-detection-track
31 https://www.kaggle.com/c/open-images-2019-object-detection
32 https://www.kaggle.com/c/open-images-2019-visual-relationship
33 https://www.kaggle.com/c/open-images-2019-instance-segmentation

가지 경진 대회가 열렸습니다. 이러한 경진 대회들은 매년 정기적으로 열릴 것으로 예상합니다.

그 외에 2017년부터는 유튜브Youtube의 동영상 검색 능력을 향상시키려는 '8M Video Understanding Challenge(8백만 개 비디오 이해하기 경진 대회)'라는 경진 대회가 열리고 있습니다. 가장 최근에 열린 경진 대회는 2019년의 The 3rd YouTube - 8M Video Understanding Challenge[34]입니다. 이 경진 대회 역시 앞으로도 정기적으로 열릴 것으로 예상합니다.

특수한 데이터를 다루는 경진 대회

캐글은 기본적으로 데이터 과학자 대상의 포털이지만 데이터 과학이나 머신러닝과 상관없는 특별한 경진 대회가 열리기도 합니다. 예를 들어 Traveling Santa 경진 대회처럼 수학 문제를 푸는 경진 대회나 학술 문제를 다루는 경진 대회 등이 있습니다.

암호문 해독 경진 대회

'Ciphertext Challenge(암호문 해독 도전)'는 2019년에 세 번이나 열린 정기 대회입니다. 실제 현업용 고도(거의 해독 불가능한)의 공개키 암호를 사용하지는 않고, 고전 암호 이론에 현대 암호 기술 몇 가지를 조합한 대회용 암호를 만들어 경쟁합니다.

가장 최근에 열린 Ciphertext Challenge III[35] 경진 대회에서는 셰익스피어의 작품 속 문구로 만든 데이터 세트를 대상으로 문장을 암호화하고 복호화하는 정

---

34 https://www.kaggle.com/c/youtube8m-2019
35 https://www.kaggle.com/c/ciphertext-challenge-iii

확도를 평가했습니다. 캐글 경진 대회가 얼마나 폭넓은 분야에서 열리는지 알수 있는 예입니다.

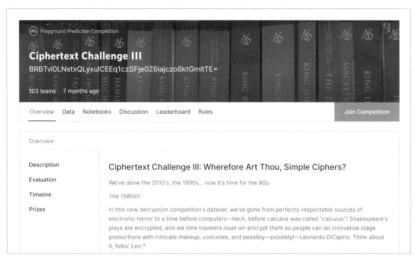

그림 1-17 Ciphertext Challenge III 경진 대회

물리학 데이터를 사용하는 경진 대회

아직 IT 분야의 데이터를 처리할 상황이 많은 데이터 과학자가 완전히 다른 분야의 데이터를 접할 수 있다는 것이 캐글의 매력입니다. 이미 37쪽에서 Nomad2018 Predicting Transparent Conductors라는 경진 대회를 소개한 바 있습니다.

이 밖에도 물리학 문제를 다루는 경진 대회가 정기적으로 열립니다. 그중 2019년에 열린 Predicting Molecular Properties[36] 경진 대회가 유명합니다.

---

36 https://www.kaggle.com/c/champs-scalar-coupling

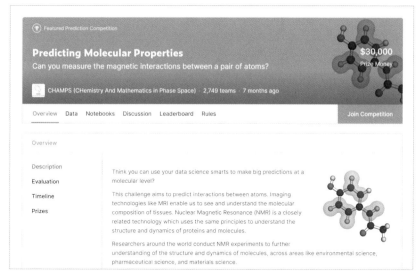

그림 1-18 Predicting Molecular Properties 경진 대회

이 경진 대회는 스칼라 형식의 결합 상수coupling constant[37]로 알려진 분자 안 두 원자 사이의 자기magnetism 상호작용을 예측합니다. 이때 머신러닝 모델의 학습과 예측 알고리즘의 개발이 필요하지만 본질적으로는 물리학 문제입니다. 양자역학 수준에서 해석학 기반의 방정식을 풀면 반드시 정답을 계산할 수 있기 때문입니다. 이는 Traveling Santa 경진 대회에서 확실한 정답이 존재하는 수학 문제를 다루는 것과 같습니다.

단, 양자역학 수준에서 방정식을 풀려면 대량의 연산 자원이 필요합니다. 그래서 머신러닝 모델과 예측 알고리즘을 개발해 양자역학 없이 방정식의 해를 계산하는 것이 이 경진 대회의 목적입니다. 참고로 경진 대회의 성과는 브리스틀

---

37 옮긴이: 물리적 상호작용의 세기를 나타내는 상수입니다.

대학교University of Bristol[38] 등으로 구성된 연구팀과 함께 학술 간행물로 발표할 기회를 주었습니다. 현업에서 일하는 연구자와 학계의 연결 통로라고 할 수 있습니다.

이렇게 여러 학문 분야와 연관된 문제는 데이터 과학이나 머신러닝의 활용 분야를 새롭게 개척하거나 생각하지 못한 분야에 머신러닝 모델을 적용하는 계기가 되므로 흥미롭습니다.

특수한 규칙을 따르는 경진 대회

캐글의 경진 대회는 분석 결과를 제출하면 프로그램이 자동으로 점수를 매겨줍니다. 참가자의 순위는 이 점수를 기준으로 매겨집니다.

그런데 특별한 규칙으로 열리는 경진 대회가 있습니다. 학습할 데이터 세트나 문제의 성격에 따라 프로그램으로 점수 매기기가 불가능한 상황도 있기 때문입니다. 캐글은 프로그램으로 점수 매기기가 적합하지 않은 문제가 있을 때는 예외 규칙을 마련하여 경진 대회를 진행합니다. 보통은 사람들이 직접 결과를 확인하여 순위를 결정합니다.

프레젠테이션으로 겨루는 경진 대회

미국의 프로 미식축구 협회National Football League, NFL가 주최한 NFL Punt Analytics Competition[39] 경진 대회를 살펴봅시다.

---

38 옮긴이: 노벨상 수상자 12명을 배출한 영국의 유명 대학교입니다.
　　https://ko.wikipedia.org/wiki/브리스틀_대학교 참고
39 https://www.kaggle.com/c/NFL-Punt-Analytics-Competition

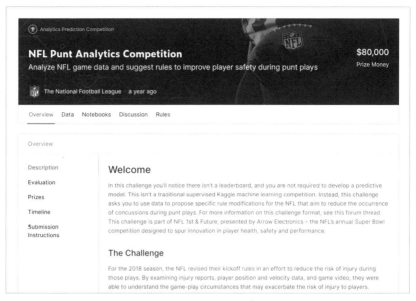

그림 1-19 NFL Punt Analytics Competition 경진 대회

미식축구는 장비를 착용한 선수끼리 서로 태클을 걸어 겨루는 매우 격렬한 스포츠이므로 선수들의 뇌진탕 사고가 많이 발생합니다. 이를 줄이는 규칙 개선이 경진 대회의 목적입니다. 이때 경진 대회에 제출할 결과가 흥미롭습니다. 뇌진탕을 일으키기 쉬운 플레이를 찾는 등의 데이터 분석 결과를 제출하는 것이 아니라 결과를 기반으로 미식축구 규칙을 개선하는 제안을 제출해야 하기 때문입니다. 참고로 규칙 개선 제안에는 정답이 존재하지 않으므로 결과에 순위를 매기지 않습니다.

제안을 제출할 때는 뇌진탕 발생을 억제하는 규칙이 담긴 프레젠테이션을 작성합니다. 당연히 프레젠테이션에는 경기 데이터를 근거로 한 설득력 있는 제안이 있어야 합니다.

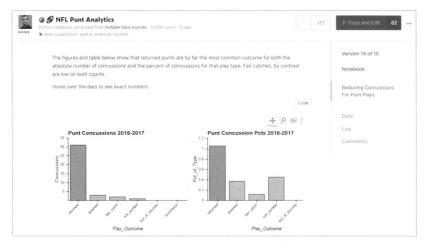

그림 1-20 데이터 기반 프레젠테이션[40]

대회 입상자는 프레젠테이션을 심사하는 사람이 결정합니다. 이렇게 최종 개선 제안을 프레젠테이션으로 만들어 심사위원이 수상자를 결정하는 방식은 캐글 이외의 데이터 분석 대회에서는 일반적인 방식입니다. 이러한 경진 대회가 캐글에서 개최되는 이유는 참가하는 캐글러 수가 다른 경진 대회보다 많아 쉽게 주목을 받기 때문입니다.

또한 IT 회사가 아닌 스포츠 단체가 데이터 과학자의 플랫폼에서 이런 경진 대회를 연다는 사실은 데이터 과학을 다양한 분야에서 중요하게 생각한다는 사례가 될 것입니다.

이미지 그리기 경진 대회
이번에는 캐글에서 직접 연 'Generative Dog Images(개 이미지 그리기)[41]'라는 경

---

40 https://www.kaggle.com/jpmiller/nfl-punt-analytics
41 https://www.kaggle.com/c/generative-dog-images

진 대회를 소개합니다. 생성적 적대 신경망(Generative Adversarial Network, GAN[42])으로 강아지 사진을 그리는 인공지능을 만듭니다.

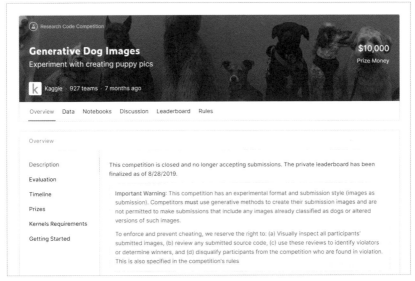

그림 1-21 Generative Dog Images 경진 대회

경진 대회의 **Description** 페이지에서는 반드시 생성적 적대 신경망을 사용해야 하며 이미 개로 분류된 이미지나 해당 이미지의 변경 버전은 제출할 수 없다고 명시합니다. 따라서 제출한 파일(이미지)을 평가하는 방법도 완전히 자동화하지 않는 것이 특징입니다.

생성한 이미지는 별도의 이미지 인식 인공지능으로 개 이미지인지 테스트하여 점수를 매깁니다. 그러면 이미지 생성 인공지능으로 만든 것이 아닌 실제 강아

---

42 옮긴이: 진짜와 똑같은 가짜 이미지를 만드는 신경망과 가짜 이미지를 판독하는 신경망이 서로 경쟁하는 구도로 학습해 결과를 냅니다. 특정 정답이 없는 상태에서 학습을 수행하는 비지도 학습에 해당합니다.

지 사진을 그대로 제출할 가능성도 있습니다. 그래서 캐글러가 제출한 이미지를 사람이 직접 눈으로 검사하고, 코드는 프로그래머가 검토한다는 2단계의 평가 방법을 사용합니다.

한편 코드를 검토할 때 문제가 있음을 쉽게 알 수 있다면 다행이지만 코드가 복잡해 실제로 규칙을 어겼는지 알기 어려운 문제가 있습니다. 예를 들어 'Dog Memorizer GAN(생성적 적대 신경망으로 개 이미지 암기하기)[43]'이라는 노트북은 일반적인 생성적 적대 신경망을 사용한 것으로 보입니다. 하지만 한쪽 신경망에 정답 데이터인 강아지 사진 그대로를 고정해 학습한 후 출력하도록 만들었습니다. 이는 신경망의 학습 방식을 사용하지만 사실은 정답 데이터를 그대로 출력하는 것과 같습니다.

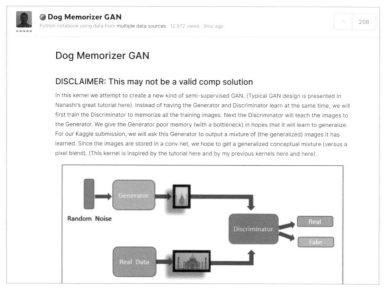

그림 1-22 Dog Memorizer GAN 노트북

---

43 https://www.kaggle.com/cdeotte/dog-memorizer-gan

한쪽 신경망의 출력 결과가 고정되었기 때문에 신경망 전체가 서로 경쟁하면 서 학습하는 것이 아니라 다른 한쪽의 학습이 고정된 방향에 맞춰집니다. 점수 가 좋을 수밖에 없습니다. 자연스럽게 과적합Overfitting[44] 상태가 되는 것입니다. 즉, 프로그래머가 코드를 리뷰하더라도 상당히 주의 깊게 코드를 검토해야 학 습 알고리즘이 올바른지 판단할 수 있습니다. 이는 매우 어려운 과정입니다.

이렇게 규칙과 평가 방법이 명확하지 않다는 점 때문에 해당 경진 대회는 점수 나 순위 경쟁이 활발하지 않았습니다. 오히려 경진 대회의 **Notebooks** 페이지 에 다양한 캐글러가 노트북을 공개한 후 Discussion 페이지에서 어떤 솔루션을 선택하면 좋을지를 매우 활발하게 논의했습니다. 캐글러끼리의 교류를 활성화 했다는 점에서 경진 대회의 새로운 가능성을 엿볼 수 있습니다.

캐글은 원래 데이터 과학자의 포털이므로 데이터 분석과 관련한 경진 대회를 연다는 것이 전제입니다. 그러나 방금 소개한 경진 대회는 일반적인 데이터 분 석과는 다른 이미지 생성 인공지능을 만들고 정확도를 테스트하면서 경쟁합니 다. 이러한 성격의 경진 대회는 점차 느는 추세인데, 이는 캐글을 데이터 분석 뿐만 아니라 인공지능 개발 분야의 포털로 확장하겠다는 전략이 아닐까 생각 합니다.

---

44 옮긴이: 실제 데이터 중 학습 대상 데이터로 학습할 때는 오차가 작지만 그 외의 데이터로 학습 할 때는 오차가 큰 상태를 뜻합니다.

2장

캐글
시작하기

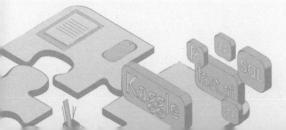

캐글 계정 만들기

1장에서는 다양한 사례와 함께 캐글이 무엇인지 알아봤습니다. 여기에서는 캐글에 회원 가입해 계정을 만드는 방법을 순서대로 소개합니다.

캐글 회원 가입하기

캐글에 회원으로 가입해 계정을 만들 때는 일반적인 이메일 주소나 구글 계정 등을 사용하면 됩니다. 먼저 캐글 웹 사이트(https://www.kaggle.com) 초기 화면에 접속한 후 그림 2-1을 참고해 오른쪽 위에 있는 **Register**를 누릅니다.

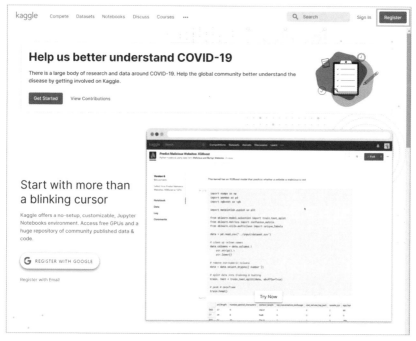

그림 2-1 캐글 웹 사이트 초기 화면

참고로 캐글 웹 사이트는 웹 브라우저의 크기와 화면 해상도에 따라 디자인이 변하는 반응형 웹 디자인입니다. 예를 들어 스마트폰에서 캐글 웹 사이트에 접속하면 그림 2-2 같은 화면이 나타납니다. 역시 오른쪽 위에 있는 **Register**를 누릅니다.

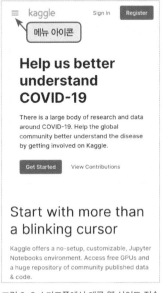

그림 2-2 스마트폰에서 캐글 웹 사이트 접속

참고로 왼쪽 위의 메뉴 아이콘(≡)을 누르면 그림 2-1 위에 있던 여러 가지 메뉴가 나타납니다.

그림 2-3 스마트폰에서 메뉴 확인하기

이메일 주소 등록하기

여기에서는 일반 이메일 주소로 회원 가입해 계정을 만들겠습니다. **Register with your email**을 누릅니다.

그림 2-4 회원 가입 방법 선택

그림 2-5 같은 입력 화면이 나타나면 다음 사항을 참고해 정보를 입력합니다.

그림 2-5 이메일 주소 입력

- Email address: 여러분이 캐글에서 사용할 이메일 주소를 입력합니다
- Password (min 7 chars): 계정의 비밀번호를 설정합니다. 최소 일곱 글자 이상 이어야 합니다
- Full Name (displayed): 사람들에게 보여줄 이름을 입력합니다. 보통 사용자의 본명을 입력합니다
- Username: 캐글 사용자 ID를 설정합니다. 'https://kaggle.com/사용자ID'로 사용자별 캐글 프로필 페이지에 접속할 수 있습니다
- Subscribe to newsletter: 캐글 소식을 이메일로 받아볼 것인지 설정합니다

정보 입력을 완료하면 **Next**를 누릅니다.

그림 2-6처럼 캐글 이용 약관과 개인정보보호 정책이 나타나면 **I agree**를 누릅니다. 여유 시간이 있다면 내용을 차근히 읽어볼 것을 권합니다.

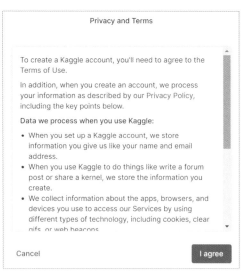

그림 2-6 이용 약관과 개인정보보호 정책 확인

이제 입력한 이메일 주소로 확인 메일이 발송됩니다. 확인 메일 내용에 있는 **click here** 링크를 누르면 로그인한 상태로 캐글 메인 페이지에 접속합니다. 참고로 click here 왼쪽의 6자리 영숫자는 회원 가입 후 처음 로그인할 때 입력하는 확인 코드입니다. 해당 코드를 입력하라는 메시지가 나타나면 6자리 코드를 입력해 로그인합니다.

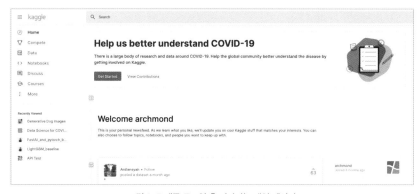

그림 2-7 캐글 로그인 후 나타나는 메인 페이지

캐글의 교육 과정 경험하기

머신러닝이나 데이터 분석과 관련하여 충분한 지식을 쌓지 못했다면 캐글의
교육 과정을 살펴보면 좋습니다. 캐글에서 제공하는 교육 과정은 1장에서 소개
한 것처럼 캐글의 **Courses** 페이지(https://www.kaggle.com/learn/overview)를 참
고하기 바랍니다.

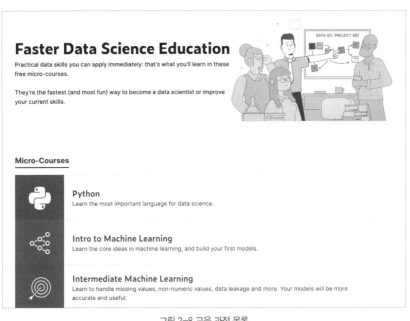

그림 2-8 교육 과정 목록

파이썬 프로그래밍, 머신러닝, 데이터 시각화, 판다스, 딥러닝, SQL 등 캐글 경
진 대회에 참가하는 데 필요한 개발 관련 교육을 제공합니다. 각 과정은 2~8개
의 수업으로 구성되었으며, 각각의 수업에는 교육 내용과 실제 코드를 작성하
고 실행하는 예제가 있습니다. 예제를 따라 하다 보면 노트북 실행 등의 캐글
사용 방법을 자연스레 익힐 수 있습니다.

파이썬 프로그래밍 기초

그림 2-8에서 소개한 교육 과정 목록에서 **Python**을 선택하면 파이썬 프로그래밍 기초 과정[01]을 볼 수 있습니다.

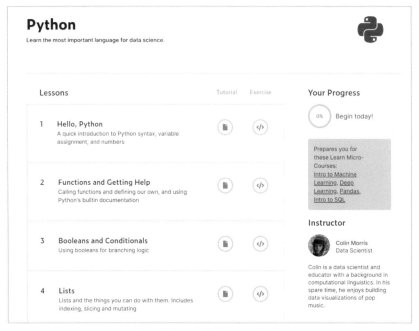

그림 2-9 파이썬 프로그래밍 기초 과정

교육 과정 각각의 메인 페이지를 보면 **Lessons**(수업 목록)과 **Your Progress**(학습 진행 상황)가 눈에 띕니다. Your Progress는 수업을 진행함에 따라 진행률이 늘어납니다.

---

01 옮긴이: https://www.kaggle.com/learn/python

Lessons 목록 중 배우고 싶은 것을 선택합니다. 여기에서는 **Hello, Python**을 선택합니다. 그림 2-10처럼 해당 수업을 진행할 수 있습니다.

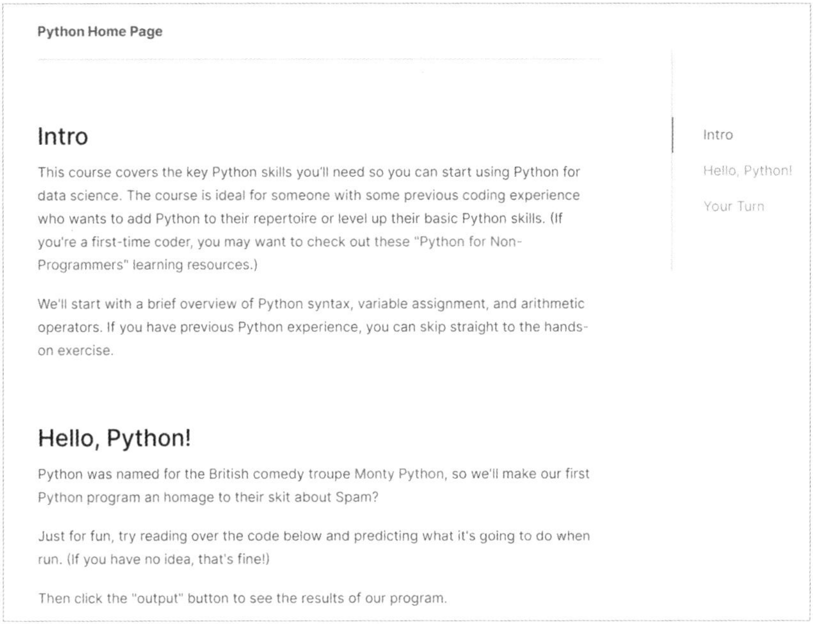

Python Home Page

Intro

This course covers the key Python skills you'll need so you can start using Python for data science. The course is ideal for someone with some previous coding experience who wants to add Python to their repertoire or level up their basic Python skills. (If you're a first-time coder, you may want to check out these "Python for Non-Programmers" learning resources.)

We'll start with a brief overview of Python syntax, variable assignment, and arithmetic operators. If you have previous Python experience, you can skip straight to the hands-on exercise.

Hello, Python!

Python was named for the British comedy troupe Monty Python, so we'll make our first Python program an homage to their skit about Spam?

Just for fun, try reading over the code below and predicting what it's going to do when run. (If you have no idea, that's fine!)

Then click the "output" button to see the results of our program.

Intro
Hello, Python!
Your Turn

그림 2-10 Hello, Python 수업

수업 내용은 영어입니다. 혹시 영어가 부담된다면 번역 서비스 등을 이용해 해당 수업을 진행하기 바랍니다. 참고로 그림 2-11 오른쪽 위를 보면 **Output**이라는 버튼이 있는 코드 셀을 볼 수 있습니다. 이는 해당 코드를 살펴보고 실행 결과를 예측해본 후 **Output**을 눌러 실행 결과를 확인하라는 뜻입니다. 실행 결과가 나타나면 해당 버튼은 **Hide**로 바뀝니다.

```
In [1]:   spam_amount = 0
          print(spam_amount)

          # Ordering Spam, egg, Spam, Spam, bacon and Spam (4 more servings of
          Spam)
          spam_amount = spam_amount + 4

          if spam_amount > 0:
              print("But I don't want ANY spam!")

          viking_song = "Spam " * spam_amount
          print(viking_song)
```

```
In [1]:   spam_amount = 0
          print(spam_amount)

          # Ordering Spam, egg, Spam, Spam, bacon and Spam (4 more servings of
          Spam)
          spam_amount = spam_amount + 4

          if spam_amount > 0:
              print("But I don't want ANY spam!")

          viking_song = "Spam " * spam_amount
          print(viking_song)
```

```
0
But I don't want ANY spam!
Spam Spam Spam Spam
```

그림 2-11 Output과 Hide 기능 활용

수업 내용을 다 읽은 후 교육 과정의 메인 페이지로 돌아오면 그림 2-12처럼 Tutorial 아래 아이콘이 해당 수업을 완료했다는 표시로 바뀝니다. 또한 Your Progress의 학습 진행 상황도 14%로 바뀝니다.

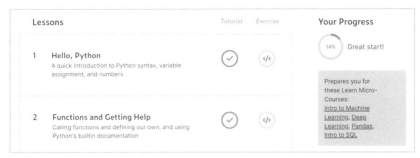

그림 2-12 수업 완료 후 학습 진행 상황

또한 어느 정도 학습을 진행했다면 Courses 페이지에 **Your Recent Work**라는 목록이 나타납니다. **Resume**을 누르면 최근 수강 중이었던 학습 과정에 바로 접속할 수 있습니다.

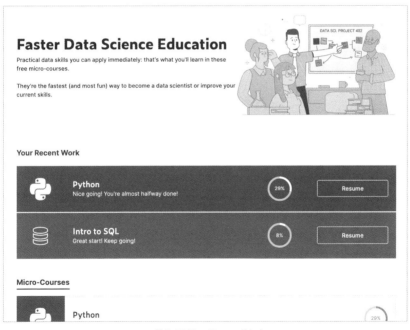

그림 2-13 Your Recent Work

연습 문제 노트북 살펴보기

수업 내용을 읽고 이해했다면 해당 교육 과정 메인 페이지의 Lessons 목록 오른쪽에 있는 **Exercise** 아래의 아이콘(</>)을 눌러 연습 문제 노트북을 엽니다.

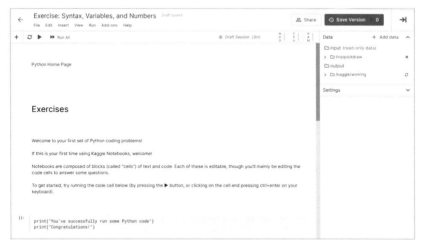

그림 2-14 연습 문제 노트북

그림 2-14처럼 캐글의 노트북이 열립니다. 보통 연습 문제 노트북은 마크다운 Markdown[02]으로 작성된 설명 부분과 파이썬 코드 부분으로 이루어집니다.

그림 2-14를 보면 굵은 글씨의 'Exercises'라는 제목, 영어 설명, 회색의 코드 셀이 보입니다. 셀 안의 print() 부분이 파이썬 코드입니다. 코드 셀을 마우스 왼쪽 버튼으로 누르면 코드를 작성하거나 수정할 수 있습니다. 또한 옆에 있는 실행 버튼(▶)을 누르면 해당 셀의 코드를 실행할 수 있습니다.

---

02 옮긴이: 텍스트 편집기 기반으로 문서를 만드는 문법입니다. 읽어보기(README), 온라인 문서 등을 만들고 편집할 때 사용합니다. 마크다운으로 작성한 문서는 HTML 등 다른 문서 포맷으로 쉽게 바꿀 수 있습니다. https://ko.wikipedia.org/wiki/마크다운 참고

그림 2-15 파이썬 코드 작성과 실행

그림 2-15 코드는 print라는 함수를 사용해 특정 메시지를 실행 결과로 출력합니다. 참고로 노트북의 주요 기능은 3장에서 자세히 설명할 것입니다.

연습 문제 풀기 전 준비하기

연습 문제 노트북에는 연습 문제의 정답을 확인하거나 힌트를 제공할 목적으로 q1 등의 패키지를 불러오는 코드 부분이 있습니다. 연습 문제를 풀기 전 반드시 해당 코드 셀을 실행해 두어야 합니다.

그림 2-16 정답과 힌트를 알려줄 파이썬 코드 실행

실행 결과로 Setup complete! You're ready to start question 0.이라는 메시지를 출력합니다.

연습 문제 구조 확인하기

연습 문제 노트북을 계속 살펴보면 해당 수업에서 살펴본 연습 문제를 만날 수 있습니다. 바로 아래에는 연습 문제의 정답에 해당하는 파이썬 코드를 직접 입력해보는 코드 입력 셀과 어떤 코드를 입력해야 할지 도움을 주는 메시지(주석

처한 부분)가 있습니다. 즉, 문제 설명을 읽고 정답에 해당하는 파이썬 코드를 입력해 실행하는 흐름입니다.

여기에서는 Hello, Python 수업과 연결된 네 번째 연습 문제를 살펴봅니다(그림 2-17 참고).

그림 2-17 문제 설명을 읽고 코드 입력하기

그림 2-17의 정답 코드 입력 셀에는 `q4.check()`라는 함수를 호출합니다. 이 함수를 실행하면 바로 앞에 작성한 코드가 문제의 정답이 맞는지 확인합니다.

힌트 및 정답 확인 셀에는 문제의 정답 힌트와 실제 정답을 알려주는 `q4.hint()`와 `q4.solution()` 함수가 있습니다. 주석 표시(#)를 지우고 함수를 실행하면 힌트나 정답을 확인할 수 있습니다.

연습 문제 풀어보기

Hello, Python 수업의 연습 문제는 파이썬 변수와 관련된 내용입니다. 첫 번째 문제는 그림 2-18과 같습니다.

```
0.

This is a silly question intended as an introduction to the format we use for hands-on exercises throughout all Kaggle courses.

What is your favorite color?

To complete this question, create a variable called  color  in the cell below with an appropriate value. The function call  q0.check()
(which we've already provided in the cell below) will check your answer.
```

```
[]:    # create a variable called color with an appropriate value on the line below
       # (Remember, strings in Python must be enclosed in 'single' or "double" quotes)
       ----
       # Check your answer
       q0.check()
```

그림 2-18 첫 번째 문제

"좋아하는 색깔은 무엇입니까? color라는 변수에 색깔을 지정하세요"라는
문제입니다. color라는 변수에 색깔에 해당하는 단어(문자열)를 할당하려면
color = "색깔단어"를 입력합니다. 여기에서는 좋아하는 색깔로 파란색("blue")
을 할당하겠습니다. 즉, 정답 코드 입력 영역의 첫 두 줄 주석 아래에 color =
"blue"라고 추가합니다.

```
▶    # create a variable called color with an appropriate value on the line below
     # (Remember, strings in Python must be enclosed in 'single' or "double" quotes)
     color = "blue"

     # Check your answer
     q0.check()
```

```
Correct: What?! You got it right without needing a hint or anything? Drats. Well hey, you should still continue to the next step to get some
practice asking for a hint and checking solutions. (Even though you obviously don't need any help here.)
```

그림 2-19 첫 번째 문제의 정답

코드를 실행하면 그림 2-19의 아랫부분처럼 Correct: What?! You got it
right without~라는 메시지가 출력됩니다. 첫 번째 문제의 정답을 맞혔다는
뜻입니다.

Hello, Python 수업의 모든 연습 문제를 푼 후 교육 과정 메인 페이지로 돌아가 봅시다. 그림 2-20처럼 Hello, Python 수업 Exercise 아래 아이콘이 완료했다는 표시(⊘)로 바뀌고 Your Progress의 진행률이 올라갑니다.

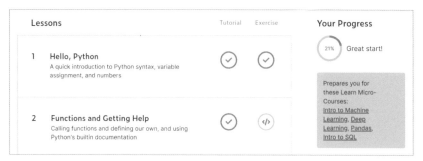

그림 2-20 Exercise 완료 표시와 학습 진행률 확인

모든 수업 내용을 읽고 연습 문제 전체를 풀면 해당 교육 과정을 완료한 것입니다. 학습 진행률도 100%가 됩니다.

캐글의 교육 과정 각각은 순서대로 진행할 필요가 없습니다. 어떤 교육 과정을 중간 정도 진행한 상태에서 다음 교육 과정을 시작하거나 초보자용 교육 과정을 생략하고 자신의 능력에 맞는 교육 과정만 들어도 괜찮습니다.

캐글의 사용자 프로필 페이지

캐글 계정을 만들고 파이썬이나 머신러닝 기초 지식을 익혔다면 본격적으로 캐글에서 활동할 준비를 마친 것입니다. 이제 사용자 프로필 페이지를 살펴보겠습니다. 캐글 오른쪽 위 계정 아이콘을 누른 후 **My Profile**을 선택하거나 'https://kaggle.com/사용자ID'로 접속할 수 있습니다.

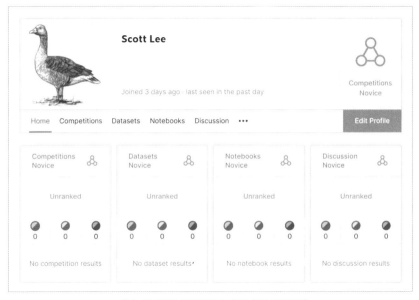

그림 2-21 사용자 프로필 페이지(캐글 회원 가입 직후)

사용자 프로필 외에도 캐글 활동 내용과 등급이 나타납니다.

캐글러 등급

학교 성적만으로 그 사람의 모든 것을 알기는 어렵습니다. 개인마다 고유의 개성이 있기 때문입니다. 하지만 데이터 과학자처럼 같은 업계에서 일하는 엔지니어라면 업무 경험의 깊이, 보유 기술, 프로그래밍 실력 등에 따라 어느 정도 '수준 차이'를 알 수 있습니다.

캐글러도 경험에 따른 데이터 과학자의 수준 차이를 인정합니다. 경진 대회에 여러 번 입상한 캐글러와 머신러닝을 배우려고 캐글에 처음 가입한 캐글러의 수준은 다릅니다. 예를 들어 토론 게시물 하나를 읽었을 때 받아들이는 방법이 다를 정도입니다. 이러한 캐글러 사이의 기술 수준 차이를 어느 정도 나타내는 것이 **캐글러 등급**입니다.

캐글러 등급 확인하기

그림 2-21의 사용자 프로필 페이지에는 그림 2-22처럼 'Competitions Novice'라는 문구와 함께 초록색 원 3개를 삼각형 형태로 이은 마크가 있습니다. 이 마크로 캐글러의 등급을 알 수 있습니다. 그림 2-22는 초보 캐글러임을 뜻합니다.

그림 2-22 초보 캐글러임을 뜻하는 마크

이렇게 등급을 알려주는 마크는 캐글의 여러 메뉴에서 볼 수 있습니다. 보통 **Discuss**나 경진 대회 **Discussion** 페이지에 댓글을 남기면 댓글 옆 프로필 사진 아래에 등급을 표시하는 마크가 나타납니다.

내가 만든 노트북을 공개할 때도 여러분 프로필 사진 아래에 마크가 나타납니다. 원의 개수가 많을수록 높은 등급입니다.

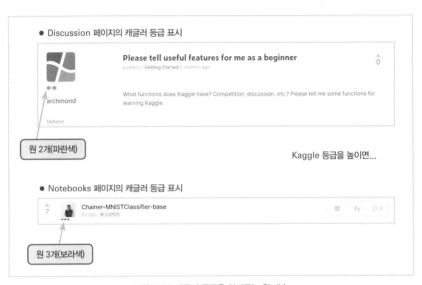

그림 2-23 캐글러 등급을 알려주는 원 개수

캐글러끼리는 좋든 싫든 서로의 등급을 확인하게 되며, 누가 더 높은 등급인지 의식하게 됩니다. 이렇게 항상 등급이 노출되는 것은 상당히 불쾌할 수 있지만 경진 대회가 중심인 캐글의 특성상 감수해야 할 부분이라고 생각합니다.

캐글러 등급의 종류

캐글러 등급은 Progression 페이지(https://www.kaggle.com/progression)에서 살펴볼 수 있습니다.

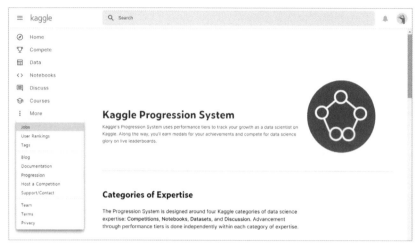

그림 2-24 Progression 페이지

페이지 중간을 보면(그림 2-25 참고) 캐글러 등급의 종류, 해당 등급에 도달하는 방법이 소개되어 있습니다. 등급이 높을수록 원의 개수가 많습니다.

캐글러 등급은 처음 가입했을 때의 순서를 기준으로 **초보자**Novice, **컨트리뷰터** Contributor, **익스퍼트**Expert, **마스터**Master, **그랜드마스터**Grandmaster가 있습니다. 또한 이 등급을 캐글의 주요 서비스인 Competitions(경진 대회), Datasets(데이터 세트), Notebooks(노트북), Discussion(토론 게시판)마다 부여하므로 서비스별 등급이 다를 수 있습니다. 즉, **Competitions Expert**면서 **Datasets Contributor**인 캐글러가 존재할 수 있습니다. 프로필에는 각 서비스 중에서 현재 자신의 최고 등급을 표시합니다.

Novice

You've joined the community.

☑ Register!

Contributor

You've completed your profile, engaged with the community, and fully explored Kaggle's platform.

☐ Add a bio to your profile
☐ Add your location
☐ Add your occupation
☐ Add your organization
☐ SMS verify your account
☑ Run 1 script
☐ Make 1 competition submission
☐ Make 1 comment
☐ Cast 1 upvote

Expert

You've completed a significant body of work on Kaggle in one or more categories of expertise. Once you've reached the expert tier for a category, you will be entered into the site wide Kaggle Ranking for that category.

Competitions	Datasets	Notebooks	Discussions
☐ 2 bronze medals	☐ 3 bronze medals	☐ 5 bronze medals	☐ 50 bronze medals

Master

You've demonstrated excellence in one or more categories of expertise on Kaggle to reach this prestigious tier. Masters in the Competitions category are eligible for exclusive Master-Only competitions.

Competitions	Datasets	Notebooks	Discussions
☐ 1 gold medal	☐ 1 gold medal	☐ 10 silver medals	☐ 50 silver medals
☐ 2 silver medals	☐ 4 silver medals		☐ 200 medals in total

Grandmaster

You've consistently demonstrated outstanding performance in one or more categories of expertise on Kaggle to reach this pinnacle tier. You're the best of the best.

Competitions	Datasets	Notebooks	Discussions
☐ 5 gold medals	☐ 5 gold medals	☐ 15 gold medals	☐ 50 gold medals
☐ Solo gold medal	☐ 5 silver medals		☐ 500 medals in total

그림 2-25 캐글러 등급 종류와 등급별 달성 과제

서비스별로 캐글러 등급이 있는 이유는 경진 대회에 참가하여 머신러닝 모델을 튜닝하고 싶은 캐글러가 있고, 자신의 솔루션Solution을 널리 알리려고 노트북을 주로 공개하는 캐글러가 있다는 선호도 차이가 반영된 것입니다. 캐글의 핵심 서비스는 경진 대회고, 여기에서는 다른 사람의 결과를 참고해 자신의 결과를 향상시키는 것이 유리합니다. 그런데 경쟁만 있으면 서로 기꺼이 도움을 주는 커뮤니티 분위기가 형성되기 어렵습니다. 그래서 경진 대회뿐만 아니라 노트북을 많이 공개하거나 토론에 활발하게 참가하는 캐글러도 등급을 올릴 수 있게 하는 것입니다.

한 가지 재미있는 점은 서비스별로 익스퍼트 등급 이상부터는 순위를 매긴다는 것입니다.

메달

각 등급으로 올라갈 때는 필요한 요소가 있습니다. 컨트리뷰터까지는 캐글에서 정한 특정 작업을 완료하면 올라갈 수 있습니다. 익스퍼트 이후는 서비스별로 정한 **메달**Medal을 모아야 합니다.

Competition Medals

Competition medals are awarded for top competition results. The number of medals awarded per competition varies depending on the size of the competition. Note that InClass, playground, and getting started competitions do not award medals.

	0-99 Teams	100-249 Teams	250-999 Teams	1000+ Teams
● Bronze	Top 40%	Top 40%	Top 100	Top 10%
● Silver	Top 20%	Top 20%	Top 50	Top 5%
● Gold	Top 10%	Top 10	Top 10 + 0.2%*	Top 10 + 0.2%*

* (Top 10 + 0.2%) means that an extra gold medal will be awarded for every 500 additional teams in the competition. For example, a competition with 500 teams will award gold medals to the top 11 teams and a competition with 5000 teams will award gold medals to the top 20 teams.

그림 2-26 경진 대회에서 수여하는 메달

경진 대회의 경우 상위 입상자(개인 혹은 팀)에게 메달을 수여하며, 메달을 받는 입상자 수는 경진 대회에 참가한 캐글러 수에 따라 정해져 있습니다. 1,000명 혹은 팀 이상이 참가한 경진 대회는 상위 10% 이내면 동메달, 상위 5% 이내면 은메달, 상위 10팀+0.2% 이내면 금메달을 수여합니다.

Datasets, Notebooks, Discussion에서는 여러분이 공개한 게시물을 다른 캐글러가 좋게 평가했을 때 메달을 수여합니다. 페이스북의 '좋아요'와 비슷한 기능인 **Vote**(추천) 숫자로 평가합니다. Datasets와 Notebooks은 5 Vote 이상이면 동메달, 20 Vote 이상이면 은메달, 50 Vote 이상이면 금메달을 수여합니다. Discussion에서는 1 Vote 이상이면 동메달, 5 Vote 이상이면 은메달, 10 Vote 이상이면 금메달을 수여합니다.

이때 게시물별로 수여되는 메달의 종류는 딱 하나입니다. 예를 들어 Discussion 페이지에 올린 게시물이 5 Vote 이상을 받았다면 동메달과 은메달을 같이 수여하는 것이 아니라 동메달이 없어지고 은메달을 수여하는 것입니다. 또한 Notebooks과 Discussion에서는 올린 지 오래된 게시물(올린 지 3개월 이후, Notebooks이라면 마지막 실행한 날부터 3개월 이후)[03]의 Vote나 초보자가 준 Vote를 메달 계산에서 제외합니다. Datasets는 초보자의 Vote만 메달 계산에서 제외합니다.

등급이 오르는 조건과 메달 개수

캐글의 등급 시스템은 다소 복잡한 편입니다. Competitions, Datasets, Notebooks, Discussion마다 등급이 오르는 조건이 다르기 때문입니다. 서비스별로 등급이 오르는 조건을 정리하면 표 2-1과 같습니다.

---

03   옮긴이: https://www.kaggle.com/general/54152

표 2-1 등급이 오르는 조건

등급 종류	Competitions	Datasets	Notebooks	Discussion
초보자(Novice)	회원 가입			
컨트리뷰터 (Contributor)	사용자 프로필 정보 추가 사는 곳, 직업, 회사 정보 추가 사용자 SNS 계정 확인 캐글 노트북 1회 실행 경진 대회 1회 참가 댓글 등록 1회 UpVote하기 1회			
익스퍼트(Expert)	동메달 2개	동메달 3개	동메달 5개	동메달 50개
마스터 (Master)	금메달 1개 + 은메달 2개	금메달 1개 + 은메달 4개	은메달 10개	은메달 50개 + 합계 200개 메달
그랜드마스터 (Grandmaster)	금메달 5개 + 솔로 금메달	금메달 5개 + 은메달 5개	금메달 15개	금메달 50개 + 합계 500개 메달

캐글은 Competitions, Datasets, Notebooks, Discussion 모두 비슷한 수준의 조건을 달성해야 같은 등급에 오를 수 있도록 설계했습니다. 또한 등급이 오르는 데 필요한 메달 개수는 캐글에 회원 가입한 이후 지금까지 누적된 결과입니다. 당연히 오래 활동한 캐글러가 등급이 오르는 데 유리합니다.

단, 현재 등급이 머신러닝을 얼마나 잘 아는지 정확하게 나타내지 않습니다. 아무리 아는 것이 많은 캐글러라도 캐글에 참가한 즉시 마스터 등급에 오를 수는 없습니다. 반대로 오랫동안 지속해서 토론에 참가한 캐글러라면 토론에 댓글만 남겨도 일정 등급에 오를 수 있습니다. 등급 시스템은 캐글이라는 커뮤니티에 어느 정도 기여하는지를 나타내는 기준이기도 하다는 것을 기억하기 바랍니다.

컨트리뷰터

방금 캐글러 등급이 캐글러의 실력을 정확하게 나타내지 않는다고 말했습니다. 하지만 여러분이 성실하게 캐글에 참가하고 있다는 것을 다른 캐글러에게 알리려면 컨트리뷰터에 오르는 것이 좋습니다. 컨트리뷰터는 캐글의 주요 서비스를 두루 경험한 사람이라는 뜻이기 때문입니다.

컨트리뷰터는 경진 대회 순위와 관계없이 특정 작업을 완료하면 오를 수 있습니다. 사실 캐글 튜토리얼을 완료했다는 증거이기도 합니다. 처음 캐글을 접한다면 컨트리뷰터가 되는 것을 최우선 목표로 합시다.

사용자 프로필 정보 추가하기

컨트리뷰터에 오르는 조건은 어떤 머신러닝 기술을 배우는 것이 아닙니다. 캐글의 주요 서비스를 모두 사용해보는 것입니다. 먼저 사용자 프로필 페이지에서 여러분의 프로필을 작성해보겠습니다. 'https://kaggle.com/사용자ID'로 접속한 후 오른쪽 위에 있는 **Edit Profile**을 누릅니다.

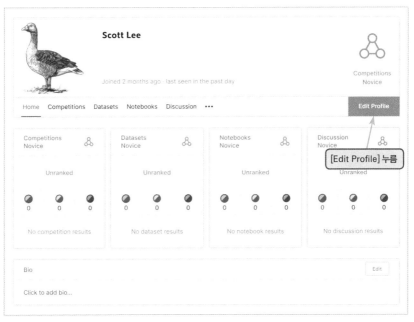

그림 2-27 사용자 프로필 페이지

그림 2-28처럼 사용자 정보를 편집하는 화면이 나타납니다. 컨트리뷰터에 오르려면 이름, 직업, 소속 조직, 거주 도시 정보를 꼭 입력해야 합니다. 그 밖에도 프로필 이미지나 여러분이 사용하는 SNS 계정을 등록할 수 있습니다. 공개해도 좋은 정보는 모두 입력하기 바랍니다.

그림 2-28 사용자 프로필 정보 편집

정보를 입력한 후 **Save Profile**을 눌러 저장합니다.

이제 기본 프로필 정보 아래 **Phone Verification**의 **Not verified**를 누릅니다. 그림 2-29처럼 **Country Code**(국가 코드), **Phone Number**(휴대폰 번호)를 입력하고 **로봇이 아닙니다.** 박스에 체크 표시한 후 **Send code**를 누릅니다.[04]

---

04 옮긴이: 캐글은 부정행위를 막으려고 한 번 인증에 사용한 휴대폰 번호로 다른 계정의 인증을 요청하면 해당 계정을 차단합니다. 이 점을 기억해서 해당 번호로 캐글 인증을 받은 적이 있는지 문자 메시지 등을 꼭 확인한 후 휴대폰 번호를 입력하기 바랍니다.

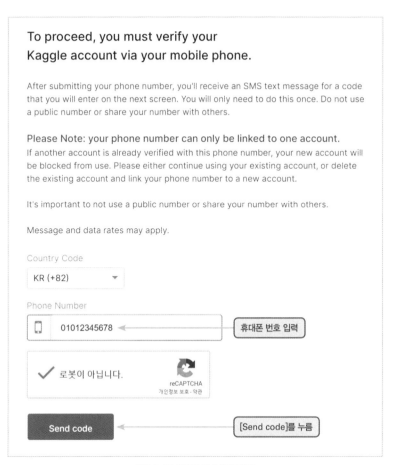

그림 2-29 휴대폰 번호 확인 화면

휴대폰에 SMS로 인증 코드가 전송되면 그림 2-30처럼 전송된 코드를 입력한 후 **Verify**를 누릅니다.

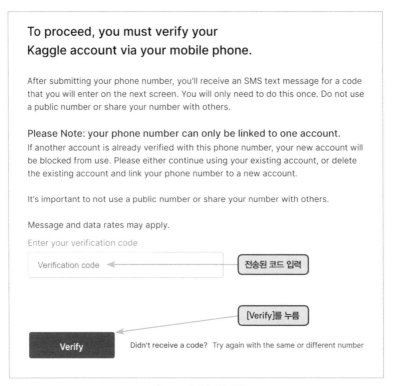

그림 2-30 휴대폰 번호 확인

자기소개 작성하기

사용자 프로필 페이지에 나타나는 자기소개를 작성합니다. 사용자 계정 페이지에서 **Bio** 오른쪽에 있는 **Edit** 혹은 아래에 있는 **Click to add bio**를 누릅니다.

그림 2-31 Bio 항목

그림 2-32처럼 자기소개를 작성할 수 있습니다. 자기소개는 영어로 작성하는 것을 권합니다. 마크다운을 사용할 수 있으며, 문장 길이에 제한이 없습니다.

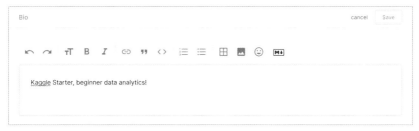

그림 2-32 자기소개 작성

자기소개를 작성한 후 **Save**를 눌러 저장하면 사용자 프로필 작성이 완료됩니다. 다시 Progression 페이지에 접속해 **Contributor**를 보면 사용자 프로필 관련 항목 모두가 체크 표시된 것을 알 수 있습니다.

그림 2-33 컨트리뷰터에 오르는 작업 목록 확인

이제 남은 작업 목록을 모두 완료해 컨트리뷰터에 오르도록 해보겠습니다.

캐글러의 교류

캐글의 주된 활동은 경진 대회 참가와 캐글러끼리의 교류입니다. 사용자 프로필을 완성했다면 캐글에서 활동하는 방법을 살펴봅시다.

토론 참가하기

캐글의 토론은 각 경진 대회의 하위 메뉴에 속해 관련 주제를 토론하는 Discussion과 전체 캐글 플랫폼을 대상으로 토론하는 Discuss에서 확인할 수 있습니다. 여기서는 Discuss를 살펴보겠습니다. 캐글 메인 페이지에서 **Discuss**를 선택하거나 'https://www.kaggle.com/discussion'으로 접속하면 그림 2-34처럼 **topic**과 **Forums** 목록이 나타납니다.

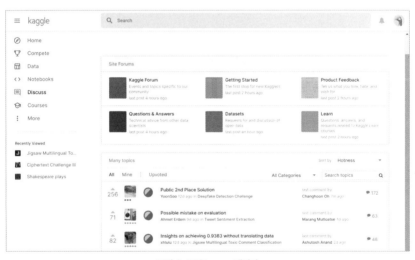

그림 2-34 Discuss 페이지

여기에서는 캐글을 처음 접한다는 가정 아래 Forums 중 **Getting Started**를 살펴보겠습니다.

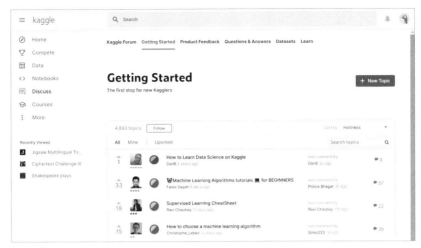

그림 2-35 Getting Started 목록

먼저 댓글이 많은 몇 가지 게시물을 열어서 어떤 토론이 이루어지는지 확인합니다. Getting Started의 분위기에 익숙해져 보려는 것입니다. 그런 다음 **+ New Topic**을 눌러 새 게시물을 올려보겠습니다.

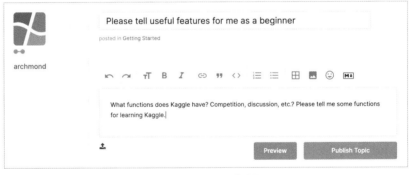

그림 2-36 새 게시물 올리기

여기에서는 '초보자용 기능을 알려주세요'라는 내용의 게시물을 올려봤습니다.

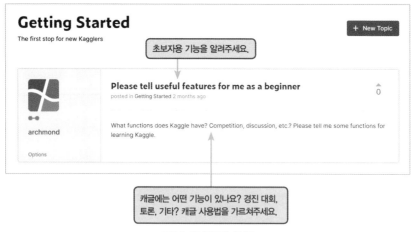

그림 2-37 등록된 게시물

UpVote하기

캐글에 자주 접속하는 캐글러의 수는 제법 많습니다. 조금 기다리면 다른 캐글러의 댓글을 기대할 수 있습니다. 그림 2-38은 새 게시물을 올린 후 등록된 댓글입니다.

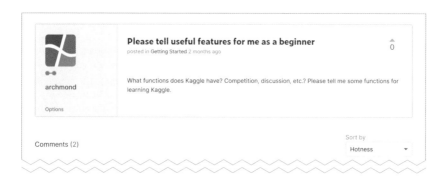

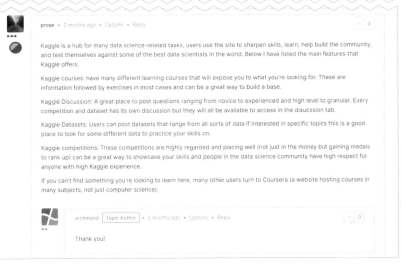

그림 2-38 댓글이 등록된 게시물

캐글은 많은 데이터 과학 관련 작업의 허브입니다. 사용자는 캐글 안에서 기술을 연마하고, 학습하고, 커뮤니티를 구축하고, 세계 최고의 데이터 과학자들과 경쟁하며 자신을 시험합니다. 다음은 캐글에서 제공하는 주요 서비스입니다.

- Courses: 초보자 대상의 다양한 학습 과정이 있습니다. 학습 과정 대부분은 연습 문제가 포함되어 있으므로 기초를 다지는 좋은 방법이 될 수 있습니다.
- Discussion: 초보자, 숙련자, 전문가 모두 다양한 분야의 자세한 질문을 게시할 수 있는 훌륭한 장소입니다. 모든 경진 대회와 데이터 세트에는 자체적인 토론이 있으며, 캐글 메인의 Discuss 페이지에서 검색해볼 수도 있습니다.
- Datasets: 사용자가 관심이 있는 특정 주제에 해당하는 데이터 세트를 게시할 수 있습니다. 실제 머신러닝해볼 여러 가지 데이터를 찾기에 좋은 곳입니다.
- Competitions: 경진 대회는 캐글에서 제공하는 서비스 중에서도 높은 평가를 받고 있습니다. 여러분의 실력을 보여줄 좋은 방법(돈을 벌고 메달을 획득할 수도 있습니다)이기도 합니다. 데이터 과학 관련 커뮤니티 구성원은 캐글 경험이 풍부한 사람을 존경합니다.

캐글에서 배우고 싶은 것을 찾지 못할 때는 코세라(Coursera, 컴퓨터 과학뿐만 아니라 많은 교육 강의를 호스팅하는 웹 사이트)를 활용하기 바랍니다.

좋은 댓글이라고 생각하면 오른쪽 위에 있는 **UpVote**(∧)를 눌러 Vote할 수 있습니다. 그림 2–39의 오른쪽 숫자는 해당 댓글을 UpVote한 사람의 수입니다.

그림 2–39 댓글 UpVote하기

댓글 중간에 있는 **Reply**를 누르면 해당 댓글에 답글을 작성할 수 있습니다. 'Thank you'와 같은 간단한 문장이라도 답해주는 것이 좋습니다. 커뮤니티 활성화는 물론이고, 여러 캐글러에게 좋은 인상을 심어줄 수 있습니다.

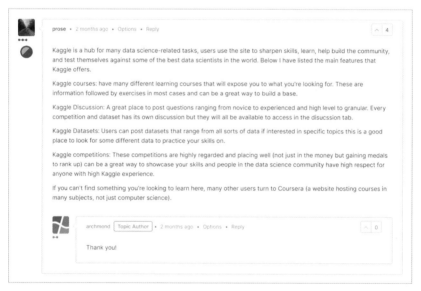

그림 2–40 댓글에 답글 달기

다른 사람이 작성한 게시물을 UpVote할 때는 게시글 오른쪽 위에 있는 삼각형(▲)을 누릅니다. 삼각형 아래에 나타나는 숫자는 해당 게시물에 UpVote한 사람 수입니다.

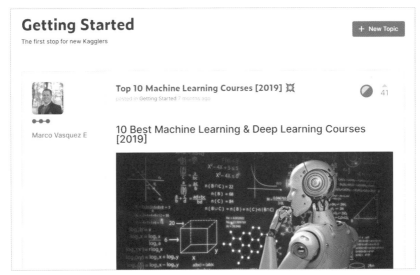

Getting Started

The first stop for new Kagglers

+ New Topic

Top 10 Machine Learning Courses [2019] 🗙

posted in Getting Started 7 months ago

41

Marco Vasquez E

10 Best Machine Learning & Deep Learning Courses [2019]

그림 2-41 게시글 UpVote하기

게시물을 1회 이상 UpVote하기는 컨트리뷰터가 되는 조건이기도 합니다. 흥미 있는 주제를 다루는 게시물이라면 UpVote하기 바랍니다. 또한 게시물에 댓글 1회 이상 남기기도 컨트리뷰터가 되는 조건이므로 간단한 댓글이라도 적극적으로 남기기 바랍니다.

경진 대회 참가하기

드디어 캐글의 묘미인 경진 대회에 참가하는 방법을 살펴볼 시간입니다. 여기에서는 학습용 경진 대회 Digit Recognizer[05]에 참가해 다른 캐글러와 순위를 다투어볼 것입니다.

---

05 https://www.kaggle.com/c/digit-recognizer

이 경진 대회는 앞에서 설명한 대로 필기체 숫자 이미지를 인식한 결과를 테스트합니다. 28×28px의 이미지를 0에서 9까지의 숫자로 분류합니다.

어디까지나 학습용 경진 대회이므로 최종 순위가 확정되지 않지만 제출한 결과의 순위와 점수를 나타내는 리더보드가 있어 분위기를 느낄 수는 있습니다.

노트북 실행하기

캐글 페이지 위 검색 창에서 'Digit Recognizer in:competitions'를 입력해 경진 대회를 검색합니다.

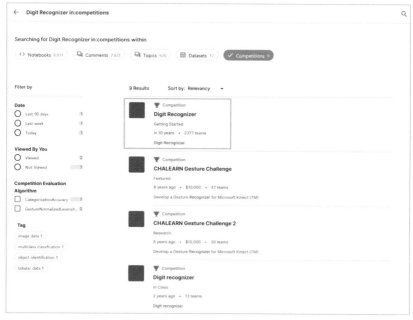

그림 2-42 Digit Recognizer 관련 경진 대회 목록

맨 앞 Getting Started로 분류한 검색 결과가 우리가 살펴볼 Digit Recognizer 경진 대회입니다. 해당 영역을 누르면 경진 대회 메인 페이지가 열립니다.

그림 2-43 Digit Recognizer 경진 대회 선택

경진 대회 소개 부분에 있는 **Notebooks**(왼쪽 메뉴에 위치한 Notebooks가 아님)를 눌러 여러 캐글러의 노트북 목록을 확인합니다. 여기서는 저자가 미리 올린 노트북으로 경진 대회에 참가해봅니다. 노트북 목록 오른쪽 검색 박스에 'chainer'를 입력한 후 검색 결과에서 그림 2-44를 참고해 맨 위에 있는 Chainer-MNISTClassifier-base라는 노트북을 선택합니다.

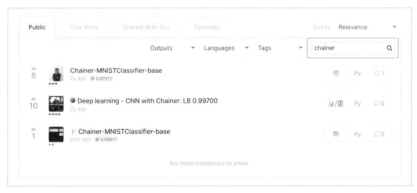

그림 2-44 경진 대회 Notebooks 페이지에서 노트북 검색과 선택

노트북이 열리면 오른쪽 위에 있는 **Copy and Edit**를 누릅니다. 저자의 노트북이 복사됩니다.

```
In [1]:   # -*- coding: utf-8 -*-
          import chainer
          import chainer.functions as F
          import chainer.links as L
          import numpy as np
          import pandas as pd
```

그림 2-45 노트북 복사

노트북이 복사되면 다시 오른쪽 위에 있는 **Save Version**을 누릅니다. Save
Version이라는 창이 열리면 다음 기능을 선택할 수 있습니다.

- Version Name: 원하는 버전 이름을 입력할 수 있습니다. 버전 이름을 지정하지
  않으면 'Version 숫자' 형식으로 해당 버전 이름을 저장합니다
- Quick Save: 노트북 내용을 저장하지만 실행하지는 않습니다
- Save & Run All (Commit): 노트북 저장과 함께 코드를 실행합니다

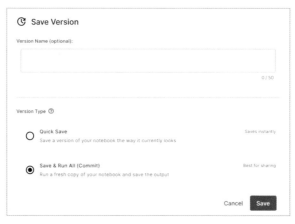

그림 2-46 노트북 저장

여기에서는 **Save & Run All (Commit)**을 선택한 후 **Save**를 누릅니다. 그림 2-47처럼 노트북을 실행 및 저장합니다. 참고로 **Save Version** 옆 숫자(버전 개수를 의미)가 1로 변합니다(그림 2-53 오른쪽 위 참고).

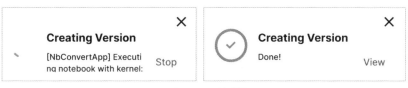

그림 2-47 노트북 실행

분석 결과 제출하기

캐글 페이지 오른쪽의 사용자 프로필 사진을 누른 후 **My Profile**을 선택해 사용자 프로필 페이지로 이동합니다. 프로필의 메뉴 중 **Notebooks**을 누르면 방금 복사한 노트북 이름을 확인할 수 있습니다.

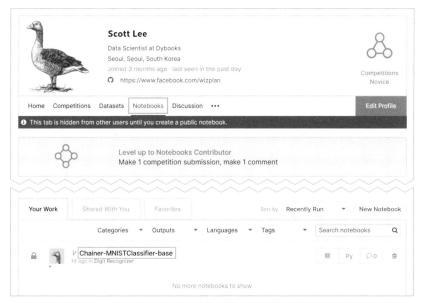

그림 2-48 프로필 페이지에서 노트북 열기

해당 노트북 이름을 누르면 노트북이 다시 열립니다. 오른쪽 메뉴 중 **Output**
을 누르면 노트북에서 출력된 파일이 표시됩니다. 여기서 **Output Files** 아래에
있는 **submission.csv**를 선택하고 오른쪽에 있는 **Submit to Competition**
을 누릅니다.

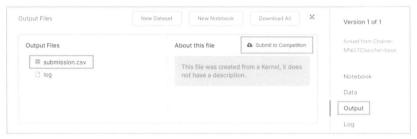

그림 2-49 출력 파일 선택 후 제출

경진 대회의 **Leaderboard** 페이지로 전환되면서 노트북에서 작성한 파일이
제출됩니다. 파일을 제출하면 자동으로 점수를 계산해 중간 순위를 매깁니다.

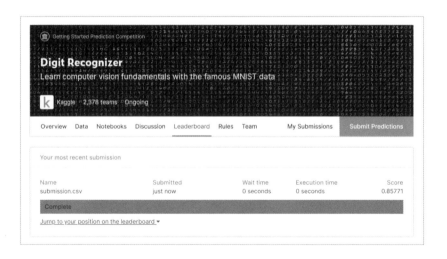

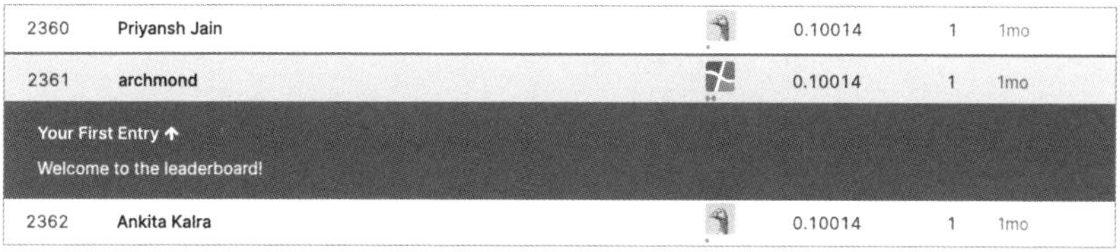

2360	Priyansh Jain		0.10014	1	1mo
2361	**archmond**		0.10014	1	1mo
Your First Entry ↑ **Welcome to the leaderboard!**					
2362	Ankita Kalra		0.10014	1	1mo

그림 2-50 파일 제출과 순위 확인

참고로 **Jump to your position on the leaderboard**를 누르면 리더보드에 자신이 제출한 결과의 순위를 확인할 수 있습니다.

예제 코드 살펴보기

앞에서 복사한 노트북의 코드는 다음과 같습니다. 체이너Chainer[06]라는 오픈 소스 딥러닝 프레임워크를 사용하여 간단한 1계층 신경망을 만듭니다.

```
# -*- coding: utf-8 -*-
# 필요한 패키지 불러오기
import chainer
import chainer.functions as F
import chainer.links as L
import numpy as np
import pandas as pd

# 신경망 모델 정의하기
class NeuralNet(chainer.Chain):
    def __init__(self):
        super(NeuralNet, self).__init__( )
        with self.init_scope( ):
            self.layer1 = L.Linear(None, 10)
    def __call__(self, x):
```

---

06 옮긴이: 복잡한 신경망 네트워크 아키텍처를 직관적으로 작성하는 파이썬 기반 프레임워크입니다. https://en.wikipedia.org/wiki/Chainer 참고

```
        x = self.layer1(F.relu(x))
        return x


# 학습용 데이터 읽기
df = pd.read_csv('../input/train.csv')
X = df[df.columns[1:]].astype(np.float32).values
Y = df[df.columns[0]].values


# 신경망 만들기
nn = NeuralNet( )
model = L.Classifier(nn)


# 신경망 학습시키기
train_iter = chainer.iterators.SerialIterator([(X[i], Y[i]) \
    for i in range(len(X))], 200, shuffle=True)
optimizer = chainer.optimizers.AdaDelta( )
optimizer.setup(model)
updater = chainer.training.StandardUpdater(train_iter,
    optimizer, device=-1)
trainer = chainer.training.Trainer(updater, (5, 'epoch'),
    out='result')
trainer.extend(chainer.training.extensions.LogReport( ))
trainer.extend(chainer.training.extensions.PrintReport( \
    ['epoch', 'main/loss', 'main/accuracy']))
trainer.run( )


# 테스트용 데이터를 읽고 결과 출력하기
df = pd.read_csv('../input/test.csv')
df.head( )
result = nn(df.astype(np.float32).values)
result = [np.argmax(x) for x in result.data]
df = pd.DataFrame({'ImageId': range(1,len(result)+1),'Label': result})
df.to_csv('submission.csv', index=False)
```

예제 코드의 맨 위는 import chainer처럼 import 키워드로 필요한 패키지를 불러옵니다. 체이너와 체이너의 내장 함수에 해당하는 chainer.functions, 다양한 학습 모델을 포함하는 chainer.links, 판다스(pandas), 넘파이(numpy)를 불러왔습니다.

다음과 같이 신경망 모델을 정의합니다.

```
class NeuralNet(chainer.Chain):
    def __init__(self):
        super(NeuralNet, self).__init__( )
        with self.init_scope( ):
            self.layer1 = L.Linear(None, 10)
    def __call__(self, x):
        x = self.layer1(F.relu(x))
        return x
```

입력층과 출력층을 직접 연결하는 단순한 1계층 신경망(self.layer1 = L.Linear (None, 10))을 정의했습니다. 경진 대회에서 다루는 자료는 28×28px의 흑백 이미지이므로 입력 데이터는 784개고 출력 이미지는 10종류입니다. 따라서 입력 데이터는 별도로 지정하지 않고 출력 이미지만 10종류가 되도록 신경망을 설정(L.Linear(None, 10))했습니다.

이후 코드는 정의한 신경망 모델을 이용해 경진 대회의 학습용 데이터 train.csv 를 읽어 신경망을 학습시키고, test.csv를 읽어 학습한 모델이 올바르게 출력 결과를 예측하는지 확인합니다. 그리고 submission.csv에 출력 결과를 저장합니다. 해당 부분의 더 자세한 내용은 체이너 공식 문서[07]를 참고하기 바랍니다.

---

07 옮긴이: https://docs.chainer.org/en/stable

참고로 train.csv와 test.csv는 경진 대회에서 제공하는 데이터로 ../input 디렉터리에 있습니다. submission.csv는 노트북의 실행 결과를 저장하는 파일이므로 노트북의 홈 디렉터리에 그대로 저장합니다.

점수 올리기

지금 살펴본 예제 코드는 좀 더 계층이 깊은 모델로 변경해 필기체 숫자 인식 정확도를 올릴 수 있습니다. 왼쪽의 **Notebooks**을 누른 후 **Your Work**를 눌러 앞에서 복사해 제출한 노트북을 확인합니다. 그리고 노트북 제목을 눌러 연후 왼쪽의 **Edit**를 누릅니다.

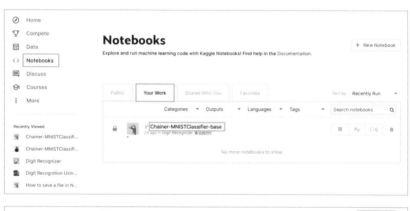

그림 2-51 노트북 다시 열고 수정

이제 해당 노트북의 코드를 변경해보겠습니다. 그림 2-52처럼 1계층 신경망을 3계층으로 만듭니다.

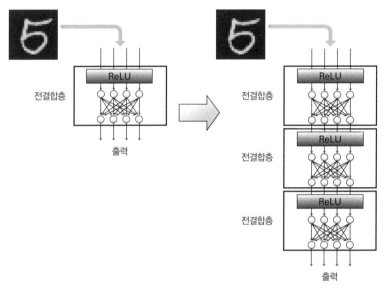

그림 2-52 3계층 신경망으로 변경

다음에 소개하는 코드를 참고해 신경망 은닉층에 뉴런 100개가 포함되도록 계층별 L.Linear의 인자argument를 조정하는 모델을 정의합니다.

```
class NeuralNet(chainer.Chain):
    def __init__(self):
        super(NeuralNet, self).__init__( )
        with self.init_scope( ):
            self.layer1 = L.Linear(None, 100)
            self.layer2 = L.Linear(100, 100)
            self.layer3 = L.Linear(100, 10)
    def __call__(self, x):
        x = self.layer1(F.relu(x))
```

```
x = self.layer2(F.relu(x))
x = self.layer3(F.relu(x))
return x
```

코드를 수정하고 **Save Verion**을 누릅니다. 그리고 **Save & Run All (Commit)**
을 선택하고 **Save**를 눌러 새로운 버전으로 저장합니다.

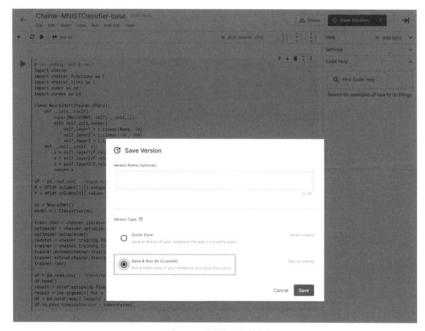

그림 2-53 신경망 모델의 변경

이번에는 **Save Version** 옆에 있는 숫자를 눌러 열리는 **Versions** 페이지 오른
쪽에서 **Version 2**를 선택한 후 바로 위에 있는 **Go to Viewer**를 누릅니다.

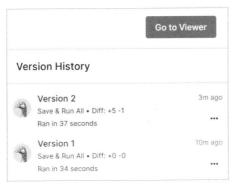
그림 2-54 Version 2 노트북 다시 열기

Version 2 노트북이 열리면 100쪽 그림 2-49 과정을 참고해 출력 데이터를 경진 대회에 제출합니다. 그림 2-55 오른쪽의 **Score**를 확인하면 그림 2-49에서는 0.85 정도였던 점수가 0.94까지 오른 것을 알 수 있습니다.

그림 2-55 3계층 신경망으로 머신러닝한 결과

이렇게 머신러닝 모델과 학습 알고리즘을 조정하면서 성능과 점수를 올리는 것이 캐글 경진 대회의 기본 흐름입니다.

합성곱 신경망 사용하기

신경망 모델을 조정해 점수를 더 올릴 여지가 있을까요? 여기에서는 '합성곱 신경망(Convolutional Neural Networks, CNN)'을 사용하는 방법을 소개합니다. 합성곱 신경망은 이미지 인식 인공지능을 만들 때 주로 사용합니다.

3계층 신경망의 입력층을 합성곱 신경망으로 바꿔 학습하도록 예제 코드를 다음처럼 수정합니다.

```
# 이전 생략
class NeuralNet(chainer.Chain):
    def __init__(self):
        super(NeuralNet, self).__init__( )
        with self.init_scope( ):
            self.layer1 = L.Convolution2D(None, 16, 5) # ①
            self.layer2 = L.Linear(9216, 100)
            self.layer3 = L.Linear(100, 10)
    def __call__(self, x):
        x = self.layer1(F.relu(x))
        x = self.layer2(F.relu(x))
        x = self.layer3(F.relu(x))
        return x

df = pd.read_csv('../input/train.csv')
X = df[df.columns[1:]].astype(np.float32).values.reshape((-1, 1, 28,
    28)) # ②
Y = df[df.columns[0]].values

# 중간 생략

result = nn(df.astype(np.float32).values.reshape((-1, 1, 28, 28))) # ③
result = [np.argmax(x) for x in result.data]
df = pd.DataFrame({'ImageId': range(1, len(result)+1), 'Label': result})
df.to_csv('submission.csv', index=False)
```

① 먼저 신경망 모델의 입력층에 체이너의 L.Convolution2D라는 클래스를 적용해 합성곱 신경망을 사용할 수 있도록 합니다.

② 데이터를 불러오는 부분에는 784개의 1차원 데이터가 아닌, 색상을 포함한 '1색×28px×28px'의 입체 데이터를 불러오도록 바꿉니다.

③ 실제 변수에 포함된 차수는 '데이터 개수×1색×28px×28px'의 4차원입니다. 따라서 학습(②)할 때와 결과(③)를 만들 때 모두 reshape 함수를 추가해 데이터를 적절히 바꿔주어야 합니다.

이제 앞에서 설명한 과정을 참고해 Version 3 노트북으로 저장하고 결과를 제출합니다. 점수가 0.97 정도까지 오를 것입니다.

그림 2-56 합성곱 신경망을 적용한 결과

아직 이 정도의 점수로는 높은 순위에 오를 수 없습니다. 하지만 다양한 머신러닝/딥러닝 프레임워크의 신경망 모델과 학습 방법을 이용하면 아직도 점수를 올릴 여지가 많습니다. 점수와 순위를 더 올릴 여러 가지 방법을 생각해보기 바랍니다.

컨트리뷰터가 되었는지 확인하기

경진 대회에 노트북 출력 결과를 제출하고 리더보드에 여러분의 순위가 등록되면 캐글 컨트리뷰터가 될 요구사항을 모두 채운 것입니다. 이제 여러분의 사용자 프로필 페이지를 열면 그림 2-57처럼 등급을 나타내는 마크가 컨트리뷰터를 뜻하는 마크로 바뀌어 있을 것입니다.

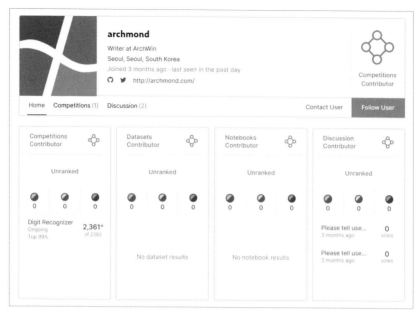

그림 2-57 컨트리뷰터가 되었는지 확인

또한 Competitions, Datasets, Notebooks, Discussion에 표시되는 마크의 원 개수가 1개 늘어났고 색상도 파란색으로 바뀌어 캐글러 등급이 반영되었을 것입니다.

메달 얻기

캐글러 등급 시스템에서 좀 더 상위 등급에 오르려면 메달을 모아야 합니다. 메달을 얻기 위한 가장 쉬운 방법은 토론 게시물에 Vote를 받는 것입니다. 흥미로운 게시물을 작성해 첫 메달 획득을 목표로 합시다.

Discussion 페이지에 게시물을 작성하는 방법은 앞에서 설명했습니다. 작성한 게시물에 댓글이 달리거나 Vote를 받았을 때는 알림이 나타납니다.

그림 2-58 Vote 알림

Vote가 1개 이상이면 게시물에 동메달이 나타납니다. 사용자의 프로필 페이지에도 획득한 메달 개수가 나타납니다.

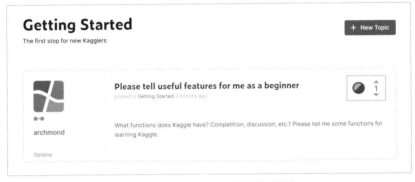

그림 2-59 Vote를 받아 동메달을 얻은 게시물

앞으로 여러분의 전문 분야에 따라 Competitions, Datasets, Notebooks, Discussion 중 하나에서 다음 등급인 익스퍼트가 되도록 메달을 열심히 모으기 바랍니다.

3장

노트북
자유자재로 다루기

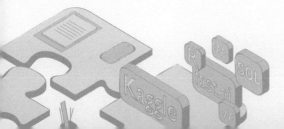

SaaS 기반 머신러닝 개발 환경

데이터 분석 결과를 점수화해 경쟁하는 대회는 캐글 외에 또 있습니다. 하지만 캐글이 이러한 대회를 제치고 데이터 과학자가 모이는 포털 사이트로 발전한 배경에는 **노트북**(이전에는 '커널'이라고 했습니다)의 존재가 큰 역할을 했습니다.

노트북은 캐글에서 실행하는 범용 머신러닝 플랫폼이자 SaaS 기반으로 이용할 수 있는 프로그래밍 환경입니다.

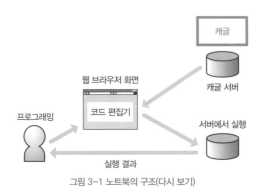

그림 3-1 노트북의 구조(다시 보기)

캐글이 경진 대회의 필요한 사항을 확인할 때만 접속(데이터를 다운로드하거나 성과를 제출)하는 사이트가 아닌 이유는 이 노트북 때문입니다.

노트북은 경진 대회에 참가하는 기간 혹은 경진 대회와는 무관한 데이터를 분석할 때도 사용할 수 있습니다. 즉, 캐글이 발전한 배경에는 노트북을 이용하는 사용자의 접속 시간이 길다는 숨은 이유가 있습니다.

노트북으로 할 수 있는 작업

캐글에 로그인한 사용자는 자신의 노트북을 만들어 작업할 수 있습니다. 노트북은 앞에서 설명했듯이 데이터 분석용 프로그래밍과 실행이 주기능이며, 파이썬 또는 R로 프로그램을 작성하면 캐글 서버에서 실행됩니다.

또한 기존의 **커널**을 노트북이라는 이름으로 바꾸었는데, 그 이유는 주피터 노트북과 비슷한 개발 환경이라는 점 때문이었습니다. 하지만 노트북 메뉴에서 **File → Kernel Type → Script**를 선택하면 일반적인 코드 편집기 UI로도 프로그래밍할 수 있습니다.

그림 3-2 스크립트 타입에서 프로그래밍

물론 어떤 사람은 캐글에서 제공하는 노트북이 그리 특별하지 않다고 느낄 수도 있습니다. 하지만 여러분 스스로 머신러닝용 서버를 구축해보면 머신러닝에 사용하는 다양한 소프트웨어와 패키지를 상호 충돌 없이 설치하고 최신 상태로 유지하는 데 상당한 고생과 노력이 필요하다는 사실을 알 것입니다. 이것만으로도 노트북은 충분한 가치가 있습니다.

또한 머신러닝의 데이터 분석 처리량을 견딜 수 있는 서버를 여러 사용자에게 무료로 제공하려면 상당한 인프라 구축 비용이 필요합니다. 캐글은 알파벳에 속한 회사라는 점에서 비용 걱정 없이 오랫동안 인프라를 무료로 제공할 수 있을 것이라는 장점이 있습니다.

노트북을 만든 캐글러끼리 교류

경진 대회와는 별도로 정보 교류를 목적으로 노트북을 만들고 공개하는 캐글러가 있습니다. 캐글은 2장에서도 소개했듯이 공개 노트북에 댓글과 추천 기능 등을 제공해 캐글러끼리의 교류가 활성화되도록 유도합니다.

그림 3-3은 Notebooks 페이지에서 볼 수 있는 공개 노트북 목록입니다. 경진 대회 솔루션용 노트북 이외에도 캐글의 데이터 세트를 이용해 자신만의 솔루션이나 알고리즘을 알리기 위해 만든 노트북이 있습니다.

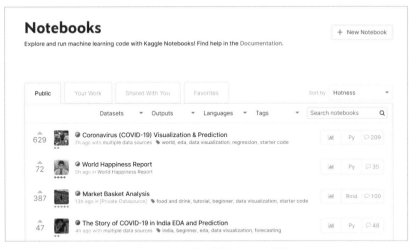

그림 3-3 데이터 세트 기반 공개 노트북 목록

노트북 공개는 가끔 자신의 기술 지식을 뽐내려는 쇼케이스 같은 느낌을 줄 때도 있지만 다양한 노트북이 공개될수록 기술을 습득하기 좋으므로 장점이 더 많다고 생각합니다.

노트북으로 기술 습득

여기에서는 경진 대회와 무관하게 기술을 습득하는 알고리즘 설명용 노트북인 Gradient boosting simplified[01]를 소개합니다. 이 노트북은 캐글 메인의 Notebooks 페이지에서 'Gradient boosting(그래디언트 부스팅)[02]'으로 검색했을 때 가장 인기 있는 공개 노트북입니다.

노트북 안 첫 제목은 'Gradient boosting from scratch'입니다. 그래디언트 부스팅이라는 인기 있는 머신러닝 알고리즘의 작동 원리를 설명한다는 뜻입니다.

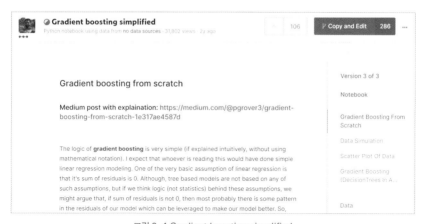

그림 3-4 Gradient boosting simplified

---

01 https://www.kaggle.com/grroverpr/gradient-boosting-simplified
02 옮긴이: 최적화된 손실 함수, 예측 모델을 만드는 약한 학습기, 손실 함수를 최소화하는 약한 학습기를 추가해 예측 모델을 만드는 기법입니다. 머신러닝 경진 대회에서는 마지막까지 모든 가능성을 고려해 점수를 올릴 수 있어 선호하는 방식입니다.

경진 대회용이 아니고 캐글의 데이터 세트도 사용하지 않는, 코드와 설명만으로 구성된 노트북입니다. **코드 셀**과 **마크다운 셀**을 활용해 코드, 코드 설명, 실행 결과를 알기 쉽게 소개하며 알고리즘을 시각화해 어떻게 동작하는지 자세하게 제시합니다. 이 때문에 인기가 높아 은메달을 얻을 정도로 많은 Vote를 받았습니다.

다음 코드는 그래디언트 부스팅에 필요한 '결정 트리Decision tree[03]'를 구현하는 노트북의 일부입니다.

```python
%matplotlib inline

import pandas as pd
import numpy as np
from IPython.display import display
from fastai.imports import *
from sklearn import metrics

class DecisionTree( ):
    def __init__(self, x, y, idxs = None, min_leaf=2):
        if idxs is None: idxs=np.arange(len(y))
        self.x, self.y, self.idxs, self.min_leaf = x, y, idxs, min_leaf
        self.n, self.c = len(idxs), x.shape[1]
        self.val = np.mean(y[idxs])
        self.score = float('inf')
        self.find_varsplit( )

    def find_varsplit(self):
        for i in range(self.c): self.find_better_split(i)
```

---

03 옮긴이: 의사 결정 규칙과 그 결과를 트리 구조로 나타낸 의사 결정 지원 도구의 하나입니다. 운용 과학, 그중에서도 의사 결정 분석에서 목표에 가장 가까운 결과를 낼 수 있는 전략을 찾는 데 주로 사용합니다. https://ko.wikipedia.org/wiki/결정_트리 참고

```
        if self.score == float('inf'): return
        x = self.split_col
        lhs = np.nonzero(x<=self.split)[0]
        rhs = np.nonzero(x>self.split)[0]
        self.lhs = DecisionTree(self.x, self.y, self.idxs[lhs])
        self.rhs = DecisionTree(self.x, self.y, self.idxs[rhs])

    def find_better_split(self, var_idx):
        x, y = self.x.values[self.idxs, var_idx], self.y[self.idxs]
        sort_idx = np.argsort(x)
        sort_y, sort_x = y[sort_idx], x[sort_idx]
        rhs_cnt, rhs_sum, rhs_sum2 = self.n, sort_y.sum( ),
            (sort_ y**2).sum( )
        lhs_cnt, lhs_sum, lhs_sum2 = 0, 0, 0.
```

\# 이후 생략

그래디언트 부스팅은 캐글의 경진 대회에서 인기 있는 알고리즘입니다. 단, 앞
코드처럼 그래디언트 부스팅을 항상 직접 구현할 필요가 없습니다. LightGBM
이나 XGBoost처럼 뛰어난 성능의 그래디언트 부스팅을 구현한 라이브러리를
사용할 수 있기 때문입니다.

실제로 경진 대회용 노트북은 방금 소개한 라이브러리를 사용하여 그래디언트
부스팅 알고리즘을 구현합니다. 라이브러리는 보통 파이썬이나 R보다 실행 속
도가 빠른 프로그래밍 언어로 구현하므로 두 프로그래밍 언어로 직접 알고리
즘을 구현하는 것보다 성능이 좋습니다. 또한 파일 하나에 모든 프로그램을 완
성해야 하는 노트북에서 정교한 알고리즘을 구현하기 어렵다는 점을 고려하면
라이브러리를 사용하는 것이 효율적입니다.

그림 3-5는 노트북에 구현한 그래디언트 부스팅의 동작을 나타냅니다. 총 60개의 그래프와 산점도로 시각화해 그래디언트 부스팅의 동작을 파악합니다(그래프를 만들 때는 matplotlib라는 라이브러리를 사용했습니다).

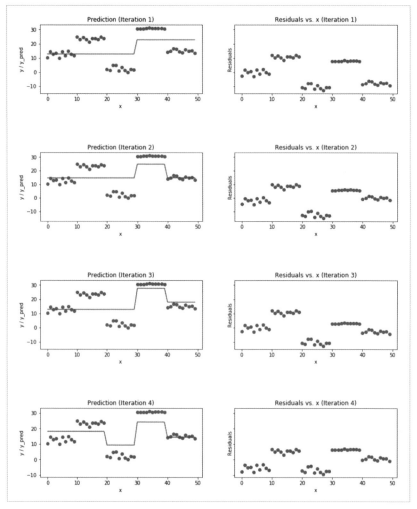

그림 3-5 그래디언트 부스팅의 동작

캐글에는 Gradient boosting simplified 같은 노트북이 많으며 인기도 좋습니다. 이는 노트북이 캐글러끼리의 교류나 새로운 기술을 배우는 등의 다양한 용도로 이용된다는 뜻입니다. 단순히 경진 대회에 참가하는 도구가 아닌 것입니다.

노트북 순위

캐글러끼리의 교류에도 경쟁이 있습니다. 2장에서 소개한 캐글러 등급 시스템은 경진 대회 순위뿐만 아니라 여러분이 만든 노트북과 게시물에도 순위를 매기기 때문입니다.

캐글 메인에서 **User Rankings** 메뉴를 선택하면 **Competitions**, **Datasets**, **Notebooks**, **Discussion**으로 나뉜 캐글러별 순위를 알 수 있습니다. 서비스별로 자신이 어느 정도의 순위인지 여기서 알 수 있습니다.

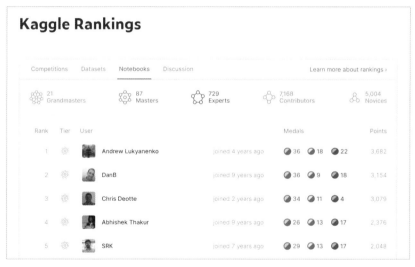

그림 3-6 노트북 순위

서비스별로 익스퍼트나 마스터 같은 등급과 그에 해당하는 마크는 같습니다. 참고로 캐글에서는 서비스별로 획득한 등급 중 최고 등급을 해당 캐글러의 등급으로 인정합니다. 그래서 캐글러마다 자신의 특기 분야에 알맞은 순위 올리기에 집중할 수 있습니다. 실제로 머신러닝 엔지니어 중에는 모델을 튜닝해 경진 대회 점수 올리기에 집중하는 사람도 있고, 새로운 아이디어를 제안해 솔루션을 만들고 자랑하는 사람도 있습니다. 캐글러 등급 시스템은 이러한 캐글러의 성향을 반영한 것으로 생각합니다.

스크립트 타입으로 사용하기

이번에는 캐글에서 노트북을 만들고 사용하는 방법을 설명합니다. 단, 파이썬이나 R 프로그래밍 기초는 설명하지 않습니다. 만약 파이썬이나 R을 처음 접하는 독자라면 다른 자료를 참고하기 바랍니다.

스크립트 타입 노트북 만들기

캐글의 노트북을 사용할 때는 **스크립트**Script와 **노트북**Notebook이라는 두 가지 커널 타입Kernel Type 중 하나를 선택할 수 있습니다. **스크립트 타입**은 일반적인 프로그래밍 언어의 코드 편집기에 코드를 작성해 저장한 후 실행합니다. 기존 프로그래머가 데이터 분석을 시작했을 때 편리한 인터페이스입니다. 반면에 **노트북 타입**은 주피터 노트북과 비슷한 인터랙티브 개발 환경입니다. 데이터 분석용 코드를 순차적으로 작성해 중간중간 실행해볼 수 있다는 특징이 있습니다.

스크립트 타입의 노트북을 만드는 방법에는 아무 데이터를 지정하지 않고 만들기, 경진 대회의 Notebooks 페이지에서 만들기 등이 있습니다. 여기에서는 2장에서 소개한 Digit Recognizer[04] 경진 대회의 Notebooks 페이지에서 노트북을 만들어보겠습니다.

Digit Recognizer 경진 대회에 접속해 **Notebooks**을 누른 후 Notebooks 페이지 오른쪽에 있는 **New Notebook**을 누릅니다. 스크립트 또는 노트북 타입 중 하나를 선택하는 페이지가 열립니다. **Script**를 선택하고 **Create**를 누릅니다.

---

04 https://www.kaggle.com/c/digit-recognizer

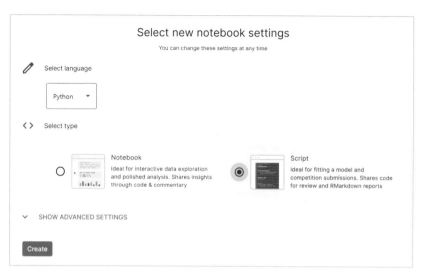

그림 3-7 타입 선택

그림 3-8 같은 새로운 스크립트 타입의 노트북이 열립니다.

그림 3-8 스크립트 타입의 노트북

캐글의 노트북은 화면 해상도에 맞게 레이아웃을 자동 변경하는 반응형 웹 디자인으로 만들었습니다. 따라서 그림 3-8과 비교했을 때 실제 화면이 다를 수 있습니다.

노트북 다루기

스크립트 타입은 일반적인 프로그래밍에서 사용하는 코드 편집기와 비슷한 형태입니다. 복잡한 기능이 없으므로 직관적으로 이해하기 쉽습니다.

먼저 화면 위에 노트북 제목을 입력합니다. 기본값은 kernel584aff3b68처럼 임의의 ID가 적혀 있습니다. 영어로 여러분이 구분할 수 있는 제목을 입력합니다.

코드 편집 영역에는 기본값으로 다음 코드가 작성되어 있습니다.

```python
# This Python 3 environment comes with many helpful analytics
# libraries installed
# It is defined by the kaggle/python docker image:
# https://github.com/kaggle/docker-python
# For example, here's several helpful packages to load in

import numpy as np # linear algebra
import pandas as pd # data processing, CSV file I/O (e.g. pd.read_csv)

# Input data files are available in the "../input/" directory.
# For example, running this (by clicking run or pressing Shift+Enter)
# will list all filesunder the input directory

import os

for dirname, _, filenames in os.walk('/kaggle/input'):
    for filename in filenames:
        print(os.path.join(dirname, filename))

# Any results you write to the current directory are saved as output.
```

파이썬의 넘파이와 판다스를 불러온 후 /kaggle/input 디렉터리에 있는 파일 목록을 지정하는 코드입니다. 참고로 노트북마다 실행용 가상 머신을 생성하므로 여러 개 노트북을 만들어도 시스템 환경 및 디렉터리 구조가 같은 상태에서 데이터를 처리할 수 있습니다.

/kaggle/input 디렉터리는 캐글 노트북의 입력 데이터를 배치하는 경로입니다. ../input이라는 디렉터리 경로로도 접근할 수 있습니다.

인라인 실행

스크립트 타입에서 작성한 코드를 실행하려면 화면 아래에 있는 실행 버튼(▶)을 누릅니다. 또한 코드 일부를 선택한 후 **Run → Run selection**을 선택하면 해당 코드 영역만 실행할 수 있습니다.

로그를 확인하려면 화면 오른쪽 아래의 화살표(∧)를 눌러 로그 영역을 엽니다.

그림 3-9 로그 영역

기본 코드를 실행하면 다음 결과를 출력합니다.

```
Your Kernel is now running in the cloud.
Enter some code at the bottom of this console and press [Enter].
/kaggle/input/digit-recognizer/train.csv
/kaggle/input/digit-recognizer/test.csv
/kaggle/input/digit-recognizer/sample_submission.csv
```

노트북에 데이터를 배치하는 /kaggle/input 디렉터리 아래에 digit-recognizer라는 디렉터리가 있고, 그 안에 train.csv, test.csv, sample_submission.csv라는 3개의 파일이 있다는 것을 나타냅니다. 3개의 파일은 경진 대회의 기본 데이터 세트입니다.

- train.csv: 정답 레이블이 있는 학습용 데이터입니다
- test.csv: 정답 레이블이 없는 테스트용 데이터입니다
- sample_submission.csv: 제출용 데이터 예입니다

참고로 예전 경진 대회에서 데이터를 다룰 때는 ../input/train.csv, ../input/test.csv, ../input/submission.csv라는 경로로 접근했습니다. digit-recognizer 디렉터리는 없었습니다. 하지만 현재는 ../input/digit-recognizer/train.csv, ../input/digit-recognizer/test.csv, ../input/digit-recognizer/submission.csv처럼 반드시 경진 대회 이름으로 명명한 디렉터리를 지정해야 합니다.

예를 들어 이전 캐글 인터페이스에서 만든 노트북의 코드만 복사해 새로운 노트북에 붙여넣기 하면 이 경로 문제 때문에 노트북이 정상적으로 실행되지 않을 때가 있으므로 주의해야 합니다. 단, 2장에서 살펴봤듯이 노트북 자체를 복사해 이전 노트북을 실행할 때는 경로를 수정하지 않아도 데이터가 배치됩니다.

데이터 확인

경진 대회의 **Data** 페이지에서는 방금 소개했던 3개 파일 각각에 어떤 데이터가 있는지 알 수 있습니다.

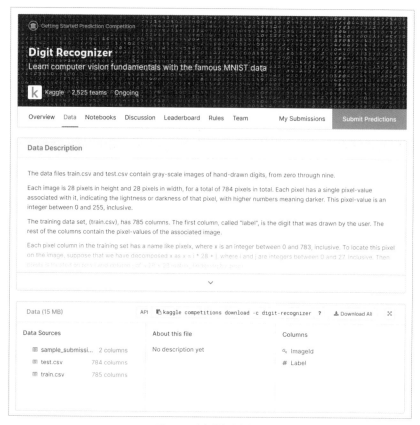

그림 3-10 경진 대회 데이터 소개

Data Description의 내용을 요약하면 다음과 같습니다.

* 필기체 숫자 이미지는 28×28px, 총 784px의 흑백 이미지고 train.csv의 pixel0~pixel783 열에 0~255 사이의 값이 저장되어 있습니다.

- train.csv의 label 열에는 이미지에 적힌 숫자(0~9 중 하나)가 무엇인지 저장되어 있습니다.
- sample_submission.csv의 ImageId 열에는 이미지를 구분하는 ID(숫자)가 저장되어 있습니다.
- sample_submission.csv의 Label 열에는 이미지에 적힌 숫자가 무엇인지 판단한 결과를 저장합니다. 기본값은 아직 판단하기 전이므로 모두 0입니다.

그럼 파일 내용을 확인하는 간단한 프로그램을 작성해 로그를 출력해봅시다. 구체적으로 판다스의 `read_csv` 함수를 사용해 데이터 파일을 불러온 후 head 함수로 첫 5행을 출력할 것입니다. 코드 편집기의 모든 내용을 삭제한 후 다음 코드를 입력해 실행합니다.

```
import pandas as pd

print(pd.read_csv('../input/digit-recognizer/train.csv').head( ))
print(pd.read_csv('../input/digit-recognizer/test.csv').head( ))
print(pd.read_csv('../input/digit-recognizer/sample_submission.csv').
    head( ))
```

다음처럼 csv 파일의 내용을 출력합니다.

```
   label  pixel0  pixel1  pixel2  pixel3  pixel4  pixel5  pixel6  pixel7  \
0      1       0       0       0       0       0       0       0       0
1      0       0       0       0       0       0       0       0       0
2      1       0       0       0       0       0       0       0       0
3      4       0       0       0       0       0       0       0       0
4      0       0       0       0       0       0       0       0       0
```

```
       pixel8 ... pixel774  pixel775  pixel776  pixel777  pixel778  pixel779  \
0          0 ...        0         0         0         0         0         0
1          0 ...        0         0         0         0         0         0
2          0 ...        0         0         0         0         0         0
3          0 ...        0         0         0         0         0         0
4          0 ...        0         0         0         0         0         0

   pixel780  pixel781  pixel782  pixel783
0         0         0         0         0
1         0         0         0         0
2         0         0         0         0
3         0         0         0         0
4         0         0         0         0

[5 rows x 785 columns]
   pixel0  pixel1  pixel2  pixel3  pixel4  pixel5  pixel6  pixel7  pixel8  \
0       0       0       0       0       0       0       0       0       0
1       0       0       0       0       0       0       0       0       0
2       0       0       0       0       0       0       0       0       0
3       0       0       0       0       0       0       0       0       0
4       0       0       0       0       0       0       0       0       0

   pixel9 ... pixel774  pixel775  pixel776  pixel777  pixel778  pixel779  \
0       0 ...        0         0         0         0         0         0
1       0 ...        0         0         0         0         0         0
2       0 ...        0         0         0         0         0         0
3       0 ...        0         0         0         0         0         0
4       0 ...        0         0         0         0         0         0

   pixel780  pixel781  pixel782  pixel783
0         0         0         0         0
1         0         0         0         0
2         0         0         0         0
3         0         0         0         0
4         0         0         0         0
```

```
[5 rows x 784 columns]
   ImageId  Label
0        1      0
1        2      0
2        3      0
3        4      0
4        5      0
```

노트북 커밋

이번에는 실제로 데이터를 분석해 경진 대회에 제출할 데이터를 생성하는 노트북을 만들겠습니다. 2장에서는 기존 노트북을 복사해 만들었지만 이 장에서는 처음부터 프로그램을 작성할 것입니다.

다음은 100개의 노드가 있는 전결합층Fully Connected Layer을 3개 연결한 신경망을 사용해 이미지 데이터를 분류하는 코드입니다.

```python
import pandas as pd
from sklearn.neural_network import MLPClassifier

df = pd.read_csv('../input/digit-recognizer/train.csv')
col = ['pixel%d'%i for i in range(784)]

plf = MLPClassifier((100, 100, 100), max_iter=200)
plf.fit(df[col], df['label'])

df = pd.read_csv('../input/digit-recognizer/test.csv')
res = plf.predict(df[col])

df = pd.read_csv('../input/digit-recognizer/sample_submission.csv')
df['Label'] = res
df.to_csv('submission.csv', index=False)
```

앞 코드를 실행하면 train.csv를 이용하여 `MLPClassifier` 클래스에 정의된 신경망으로 모델을 학습시킨 후 테스트용 데이터인 test.csv를 이용해 모델이 올바르게 학습했는지 예측합니다. 그리고 결과를 submission.csv에 저장합니다.

소스 코드를 대략 완성했다면 실행하여 오류가 없는지 확인한 후 노트북 편집 화면의 오른쪽 위에 있는 **Save Version**을 누릅니다. 만약 노트북에서 작성한 코드를 실행하지 않은 상태라면 코드를 실행하면서 저장하는 **Save & Run All (Commit)**을 선택해 저장합니다.

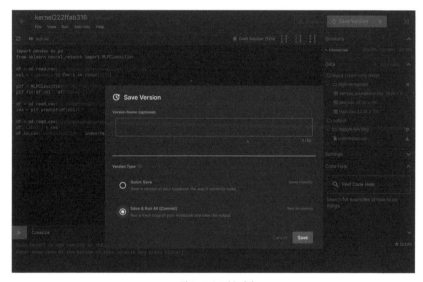

그림 3-11 노트북 저장

저장하는 데는 몇 분 정도의 시간이 소요됩니다.

참고로 **커밋**_{Commit}은 깃_{Git}[05] 등의 버전 관리 시스템에서 소스 코드의 새 버전을 저장한 후 기존 버전과 다른 태그를 지정하는 것입니다. 실제로 캐글 노트북은 작성한 소스 코드의 버전을 관리하는 형태로 저장합니다. 필요하면 이전 버전을 참조할 수도 있습니다.

실행 결과 제출하기

앞에서 만든 신경망 모델은 100개의 노드가 있는 전결합층 3개를 연결한 형태이므로 2장에서 사용한 체이너 기반의 모델과 개념이 같습니다. 전결합층 신경망을 만드는 코드 부분은 다음과 같습니다.

```
MLPClassifier((100, 100, 100), max_iter=200)
```

100개의 노드가 있는 은닉층을 3개 설정했습니다. 그리고 200회 학습한다고 정의했습니다. 참고로 200은 `MLPClassifier` 클래스에 정의된 기본 학습 횟수입니다.

이제 2장 99쪽 '분석 결과 제출하기' 혹은 2장 104쪽 '점수 올리기'에서 소개한 과정을 참고해 실행 결과를 제출합니다. 현재는 코드를 작성한 직후이므로 99쪽의 과정을 참고하기 바랍니다.

실행 결과를 제출한 후에는 역시 경진 대회 **Leaderboard** 페이지로 이동해 제출한 결과의 점수와 순위를 확인할 수 있습니다.

---

[05] 옮긴이: 컴퓨터 파일의 변경 사항을 추적하고 여러 명의 사용자 사이에서 해당 파일들의 변경 이력 적용을 조율하는 분산 버전 관리 시스템입니다. 참고로 이 책의 번역 이력 관리도 깃과 깃 허브를 이용했습니다. https://ko.wikipedia.org/wiki/깃_(소프트웨어) 참고

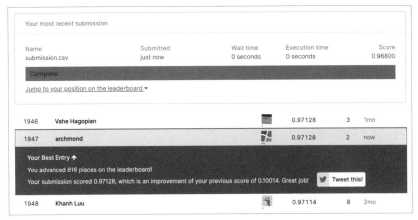

그림 3-12 분석 결과의 점수와 순위

2장에서 만든 신경망 모델과 비교했을 때 학습 횟수가 200회로 더 많으므로 점수도 약 0.94에서 0.97로 오른 것을 확인할 수 있습니다. 순위도 약 2,300위대에서 1,900위대로 올랐습니다.

노트북 타입으로 사용하기

스크립트 타입은 일반적인 코드 편집기와 비슷한 스타일입니다. 데이터 분석 분야의 프로그래밍을 시작하는 사람이 봤을 때 직관적이고 알기 쉬운 인터페이스입니다.

그런데 데이터 분석 작업에 더욱 적합한 인터페이스는 '노트북 타입'입니다. 노트북 타입은 주피터 노트북을 참고해 만든 캐글의 개발 환경으로, 주피터 노트북의 .ipynb 확장명 파일을 업로드해 사용하거나 해당 확장명 파일로 다운로드해 주피터 노트북에서 사용할 수 있습니다.

노트북 타입 노트북 만들기

이번에는 Digit Recognizer 경진 대회의 Notebooks 페이지에서 **New Notebook**
을 누른 후 124쪽 그림 3-7을 참고해 타입을 **Notebook**으로 선택한 후 **Create**
를 누릅니다. 그럼 노트북 타입으로 열립니다.

그림 3-13 노트북 타입

노트북 타입의 기본 기능은 주피터 노트북을 사용해본 분이라면 특별히 어려
운 점은 없을 것이므로 여기서는 주피터 노트북에 익숙하지 않은 분을 대상으
로 노트북의 기본 기능을 설명합니다.

노트북 타입의 기본 인터페이스는 코드와 마크다운 설명을 한 화면에 함께 나
타냅니다. 이는 여러 개의 셀을 만들어 구성하는 것입니다. 즉, 내용의 흐름에
따라 코드 셀이나 마크다운 셀을 만들어 조합하는 것입니다. 셀은 하나씩 대화
하듯 실행할 수 있으며, 같은 노트북 안에서 셀 실행 결과가 서로 연결됩니다.

즉, 위에서 아래 순서로 모든 셀을 실행하면 코드 편집기에서 작성한 전체 프로그램을 실행하는 것과 같습니다.

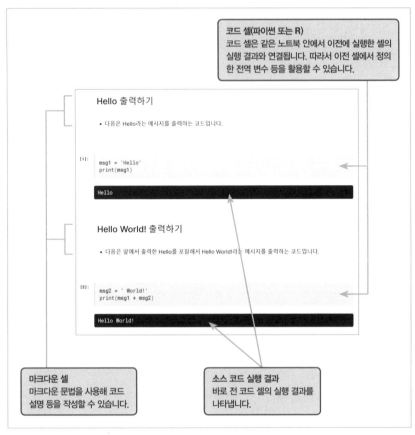

그림 3-14 노트북 타입의 기본 구조

노트북 타입의 장점은 프로그램 실행 결과를 확인하면서 코드 셀을 추가할 수 있다는 것입니다. 즉, 데이터 분석 결과를 하나씩 확인하면서 프로그램 전체를 세심하게 작성할 수 있습니다.

마크다운으로 설명 작성하기

노트북 타입에 새로운 셀을 만들 때는 셀 사이에 마우스 커서를 두었을 때 나타나는 **+ Code** 또는 **+ Markdown**을 누르면 됩니다. 마크다운 셀을 만들 때는 당연히 **+ Markdown**을 누릅니다.

그림 3-15 새로운 셀 만들기

셀을 만든 후에는 마크다운 문법을 이용해 설명을 작성할 수 있습니다. 그림 3-16처럼 인터넷 주소나 이미지도 넣을 수 있습니다.

그림 3-16 마크다운으로 작성한 내용

내용을 작성한 후 위쪽 메뉴에 있는 실행 버튼(▶)을 누르거나 **Ctrl + Enter**를 누르면 마크다운 스타일이 적용됩니다.

마크다운 사용 예

링크를 만들었습니다.

이미지

를 넣을 수도 있습니다.

그림 3-17 마크다운 셀 내용 확인

코드 셀 실행하기

코드 셀은 특별히 알아야 할 작성 방법이 없습니다. 파이썬 혹은 R 문법에 맞게 코드를 작성하면 됩니다. 코드 셀을 실행할 때는 2장 73쪽 그림 2-15처럼 해당 셀 왼쪽에 있는 실행 버튼(▶)을 누릅니다.

셀 안에서도 코드 일부만 선택해 실행할 수 있습니다. 이때는 그림 3-18처럼 실행 버튼에 커서 아이콘이 붙습니다.

```
msg1 = 'Hello'
print(msg1)
```

그림 3-18 선택한 코드만 실행

셀 공통 기능 살펴보기

마크다운 셀과 코드 셀 모두 오른쪽 위에 표시되는 메뉴가 있습니다. 기능은 왼쪽부터 다음과 같습니다.

- ↑(Move cell up): 셀 위치를 한 칸 앞으로 올립니다
- ↓(Move cell down): 셀 위치를 한 칸 아래로 내립니다
- 🗑(Delete cell): 해당 셀을 삭제합니다
- ⌛,⫶(Collapse cell/Expand cell): 해당 셀을 숨기거나 나타냅니다
- ↕: 기타 부가 기능 모음입니다
  - Change cell to markdown/code: 해당 셀을 코드 셀 혹은 마크다운 셀로 바꿉니다
  - Hide input: 해당 노트북을 보고 있는 사람에게 코드 셀이 나타나지 않도록 합니다
  - Hide output: 해당 노트북을 보고 있는 사람에게 실행 결과가 나타나지 않도록 합니다

이미지와 그래프 출력하기

캐글 노트북은 주피터 노트북처럼 코드 셀의 실행 결과를 출력해 보여줍니다. 출력 가능한 데이터는 판다스의 테이블이나 matplotlib 라이브러리를 사용한 그래프 등이 있습니다.

matplotlib 라이브러리를 사용해 이미지를 출력해봅니다. 노트북에 코드 셀을 만들고 다음 코드를 작성해 실행합니다.

```python
import pandas as pd
import matplotlib.pyplot as plt

df = pd.read_csv('../input/digit-recognizer/test.csv')
im = df.iloc[0].values.reshape((28, 28))

plt.imshow(im)
plt.show( )
```

테스트용 데이터에 포함된 이미지 하나를 꺼내고 matplotlib 라이브러리로 이 미지를 나타내는 창을 실행해 그림 3-19 같은 이미지를 출력합니다.

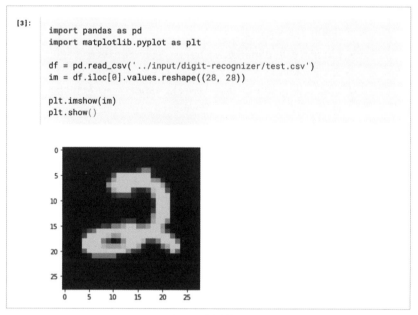

```
[3]:   import pandas as pd
       import matplotlib.pyplot as plt

       df = pd.read_csv('../input/digit-recognizer/test.csv')
       im = df.iloc[0].values.reshape((28, 28))

       plt.imshow(im)
       plt.show()
```

그림 3-19 이미지 출력하기

데이터 분석에 필수인 데이터 시각화도 문제 없이 가능합니다. 다음 코드는 판 다스의 hist() 함수로 학습용 데이터에 포함된 레이블 수를 히스토그램으로 나타냅니다.

```
df = pd.read_csv('../input/digit-recognizer/train.csv')
df.label.hist()
```

그림 3-20 같은 히스토그램이 노트북에 나타납니다.

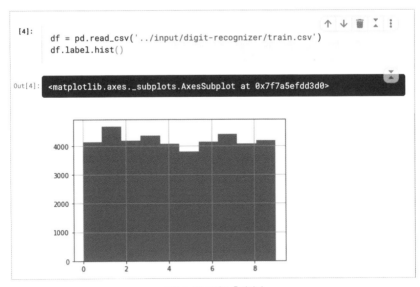

그림 3-20 그래프 출력하기

Save & Run All (Commit)을 선택하면 전체 코드를 재실행한 상태로 저장합니다. 그 이후에는 스크립트 타입과 마찬가지로 노트북 타입에서도 출력 파일을 확인할 수 있습니다.

경진 대회 제출용으로 노트북을 만들었다면 노트북에서 출력한 파일을 그대로 제출하면 됩니다. 또한 노트북을 개인적인 데이터 분석용으로 만들었다면 출력 파일을 다운로드해 분석 결과를 활용할 수 있습니다.

노트북 설정하기

지금까지는 캐글 노트북의 기본 사용법을 설명했습니다. 이제는 노트북 설정과 개발 노하우 등 좀 더 능숙하게 노트북을 다루는 방법을 소개합니다.

노트북 공개와 비공개 설정하기

이번에는 스크립트 타입이나 노트북 타입과 관계없이 공통으로 설정할 수 있는 항목을 설명합니다. 이 장의 첫 부분에서 언급했듯이 캐글 노트북은 자신의 솔루션이나 알고리즘을 다른 캐글러에게 알리기 위해 공개할 수 있습니다. 반대로 자신만의 알고리즘을 만들어 데이터를 분석하기 위해 노트북을 공개하지 않은 상태로 사용할 수도 있습니다. 팀에서 공동으로 프로그램을 개발할 때는 특정 사용자에게만 노트북을 공유할 수 있습니다. 그러면 공유받은 사용자는 공동 작업자가 됩니다.

노트북 오른쪽 위에 있는 **Share**를 누르면 노트북 공개 혹은 비공개를 설정하는 창이 열립니다.

그림 3-21 노트북 공개와 비공개 설정

Privacy를 Public으로 설정하면 노트북을 공개해 누구나 볼 수 있는 상태가 됩니다. 참고로 노트북을 공개하면 캐글 약관에 따라 자동으로 아파치 2.0 라이선스가 적용됩니다. 다른 라이선스(GPL 등)를 적용하고 싶다면 캐글 노트북을 사용하지 말고 깃허브GitHub[06]와 같은 플랫폼을 이용해야 합니다.

특정 사용자에게만 노트북을 공개하고 싶거나 공동 작업자에게 노트북을 공유하려면 Collaborators에서 사용자를 검색해 공유 대상으로 추가합니다.

Settings의 주요 항목

노트북의 Settings에는 다음 항목을 설정할 수 있습니다.

- Language: 사용할 프로그래밍 언어를 설정합니다. 파이썬과 R 중 하나를 선택할 수 있습니다
- Environment: 어떤 도커 이미지를 사용할지 설정합니다. Original은 노트북을 만들 때의 개발 환경을 사용하는 설정이고 Latest Avaliable은 현재 캐글에서 제공하는 최신 개발 환경을 사용하는 것입니다
- Accelerator: GPU나 TPU를 사용할지 설정합니다
- GPU/TPU Quota: 전체 GPU 및 TPU의 사용 시간과 현재 얼만큼 사용했는지를 나타내줍니다
- Internet: 인터넷에 연결할 것인지 선택합니다. 기본값은 On입니다

GPU 혹은 TPU를 사용해서 머신러닝할 때는 Accelerator에서 GPU나 TPU v3-8을 선택합니다.

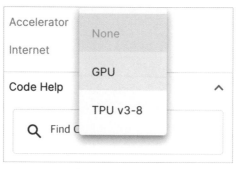

그림 3-22 GPU와 TPU 설정

GPU나 TPU를 사용하도록 설정했을 때는 노트북의 실행 환경이 달라지는 점
에 유의하세요. 예를 들어 GPU가 있어야 정상적으로 동작하는 파이썬 라이브
러리 CuPy 등은 GPU를 사용하지 않는 환경에서는 다음처럼 에러가 발생합
니다.

```
import cupy

cupy.is_available( )
```

```
ModuleNotFoundError     Traceback (most recent call last)
<ipython-input-5-f0456e673e9f> in <module>
----> 1 import cupy
      2 cupy.is_available( )

ModuleNotFoundError: No module named 'cupy'
```

GPU를 사용하도록 설정하고 **Run → Restart session**을 선택하면 CuPy 라이
브러리를 불러와서 사용할 수 있습니다.

```
import cupy

cupy.is_available( )
```

True

사용할 프로그래밍 언어도 설정할 수 있습니다.

그림 3-23 프로그래밍 언어 설정

선택할 수 있는 프로그래밍 언어는 파이썬이나 R입니다. 사용할 프로그래밍 언어 설정을 바꾸면 다른 개발 환경으로 노트북을 재구성합니다.

GPU 연산 사용 가능 시간

캐글 노트북 Settings의 Accelerator는 머신러닝용 GPU 자원을 무료로 사용할 수 있는 설정입니다.

캐글 초창기에는 무제한으로 GPU를 사용할 수 있었습니다. 하지만 캐글러가 늘면서 서버에 부담이 커져 현재 Accelerator에서 GPU를 활성화하면 1주일에

30시간까지만 사용할 수 있는 제한을 둡니다.[07] 제한 기준은 사용자 단위입니다. 즉, 다른 노트북을 만들더라도 GPU나 TPU 사용은 사용자별로 주 30시간입니다.

인터넷 연결 설정과 구글 클라우드 플랫폼 사용하기

Internet을 On으로 설정하면 프로그램으로 직접 웹 페이지를 크롤링하거나 특정 패키지를 설치하여 사용할 수 있습니다.

일부 딥러닝 프레임워크는 미리 학습시킨 합성곱 신경망 모델을 사용할 수 있습니다. 이러한 모델은 코드를 실행할 때 서버에 있는 파일을 임시 파일 저장 디렉터리에 다운로드합니다.

이 외에도 자연어 처리에서 사용하는 형태소 분석 패키지 등은 인터넷에 연결되어 있어야 특정 언어 모델을 다운로드할 수 있습니다.

또한 여러분이 직접 만든 데이터를 노트북에서 이용할 때는 구글 클라우드 플랫폼Google Cloud Platform, GCP의 **빅쿼리**BigQuery[08]를 사용하면 좋습니다.

먼저 **Add-ons → Google Cloud Services**를 선택한 후 **Add an account**에서 **BigQuery**를 선택합니다.

---

07 https://www.kaggle.com/general/108481
08 옮긴이: https://cloud.google.com/bigquery

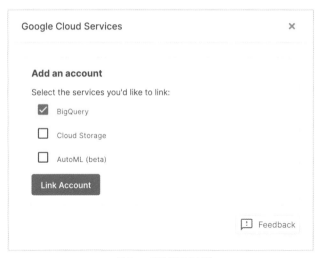

그림 3-24 구글 빅쿼리 선택

그림 3-25처럼 빅쿼리와 연결할 구글 계정을 선택하는 팝업 창이 나타납니다. 상황에 따라 구글 계정으로 로그인해야 합니다. 원하는 계정을 로그인 또는 선택한 후 **허용**을 누르면 빅쿼리를 사용할 수 있습니다.

그림 3-25 빅쿼리를 사용하도록 구글 계정과 연결

최종적으로 빅쿼리에 연결되었음을 확인하는 창이 나타납니다.

그림 3-26 빅쿼리 연결 확인

이제 노트북의 맨 아래에 새로운 코드 셀을 하나 추가한 후 다음 코드를 입력해 빅쿼리를 사용할 수 있는지 확인합니다.[09]

```
PROJECT_ID = 'bigquery-public-data'

from google.cloud import bigquery

bigquery_client = bigquery.Client(project=PROJECT_ID)

dataset_ref = bigquery_client.dataset('hacker_news',
    project=PROJECT_ID)
dataset = bigquery_client.get_dataset(dataset_ref)

tables = list(bigquery_client.list_tables(dataset))

for table in tables:
    print(table.table_id)
```

다음과 같은 실행 결과가 정상적으로 출력된다면 캐글 노트북에서 빅쿼리를 사용할 수 있습니다.

```
comments
full
full_201510
stories
```

참고로 여러분이 직접 빅쿼리에 데이터 세트를 만들었다면 PROJECT_ID 값은 데이터 세트와 연결된 구글 클라우드 플랫폼의 프로젝트 ID를 입력해야 합니다.

---

09 옮긴이: 코드는 Getting Started With SQL and BigQuery(https://www.kaggle.com/dansbecker/getting-started-with-sql-and-bigquery)를 참고했습니다.

프로젝트 ID는 구글 클라우드 플랫폼의 홈(https://console.cloud.google.com)에 접속한 후 왼쪽 위에 있는 **프로젝트 이름**을 눌러 나오는 팝업 창에서 확인할 수 있습니다(초기 설정값은 'My First Project'입니다). 구글 클라우드 플랫폼을 처음 사용하는 분이라면 회원 가입을 마쳐야 프로젝트 ID를 확인할 수 있습니다.

그림 3-27 구글 클라우드 플랫폼의 프로젝트 ID 확인

데이터 세트 사용하기

캐글 노트북은 경진 대회의 솔루션 만들기뿐만 아니라 여러분이 해결하고 싶은 문제와 관련된 프로그래밍을 하는 경우에도 사용할 수 있습니다. 이때는 경진 대회 데이터 이외의 별도 데이터를 노트북에서 사용하도록 설정해야 합니다.

캐글의 데이터 세트를 찾아 사용하기

이번에는 캐글에 있는 데이터 세트를 노트북의 데이터 세트로 추가해봅니다. 노트북 오른쪽 위에 있는 **+ Add Data**를 누릅니다. 데이터 세트를 선택하는 팝업 창이 나타나면 원하는 데이터 세트를 검색한 후 **Add**를 누릅니다.

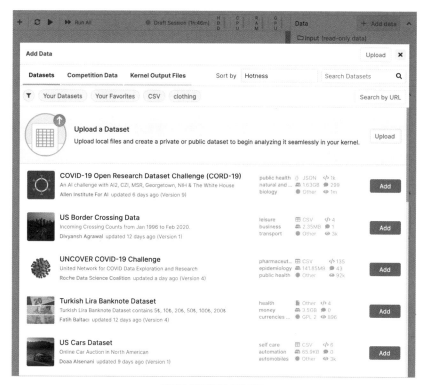

그림 3-28 데이터 세트 추가

이름과 설명 외에 붙는 태그(해당 데이터 세트 중간에 있는 'public health' 같은 단어)를 활용해 데이터 세트를 검색할 수 있습니다. 또한 자신이 만든 데이터 세트를 업로드할 수도 있습니다. 검색해 추가하거나 여러분이 직접 업로드한 데이터 세트는 노트북의 /kaggle/input 디렉터리에 저장됩니다.

사용할 데이터 세트를 직접 설정하기

노트북의 입력 데이터는 기본적으로 캐글의 데이터 세트에서 불러옵니다. 즉, 여러분이 만든 데이터 세트를 이용하려면 캐글에 업로드해 정리할 필요가 있습니다. 참고로 데이터 세트도 노트북처럼 공개나 비공개로 설정할 수 있습니다.

이번에는 캐글 메인 페이지 메뉴에서 **Data**를 선택한 후 페이지 오른쪽 위에 있는 **+ New Dataset**를 눌러 사용할 데이터 세트를 직접 설정합니다. 팝업 창이 나타나면 **Enter Dataset Title**에 원하는 이름을 입력하고 **Select Files to Upload**를 눌러 사용할 데이터 세트를 업로드합니다.

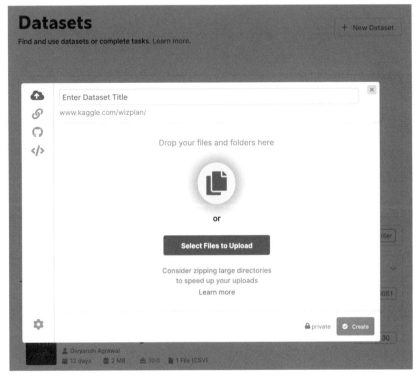

그림 3-29 새로운 데이터 세트 설정하기 1

참고로 캐글은 데이터 세트를 압축한 zip이나 tar.gz 같은 압축 파일을 업로드한 후 특정 디렉터리 경로를 지정하는 방식으로 파일 내용에 접근할 수 있습니다. 압축 파일 안에 다른 압축 파일이 있다면 하위 디렉터리가 됩니다.

여기에서는 예제 파일 안에 있는 20_newsgroups.zip을 업로드하겠습니다. 이 데이터 세트는 UCI 머신러닝 저장소의 Twenty Newsgroups Data Set[10] 일부 데 이터를 저장한 것입니다. 그림 3-30은 파일을 업로드했을 때의 상태입니다. **Create**를 누릅니다.

그림 3-30 새로운 데이터 세트 설정하기 2

데이터 세트를 업로드합니다. 완료되면 **Go to Dataset**를 눌러 데이터 세트 페 이지로 이동합니다.

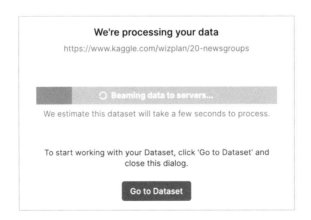

---

10   옮긴이: https://archive.ics.uci.edu/ml/datasets/Twenty+Newsgroups

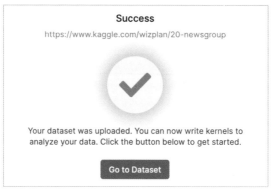

그림 3-31 새로운 데이터 세트 설정하기 3

사용자 프로필의 Datasets 페이지에 접속하면 업로드한 데이터 세트의 정보를 확인할 수 있습니다. 또한 'https://www.kaggle.com/사용자ID/데이터세트이름'으로 바로 접속할 수 있습니다.

이제 해당 데이터 세트를 캐글 노트북에서 어떻게 사용하는지 확인해보겠습니다. 오른쪽에 있는 **New Notebook**을 누릅니다.

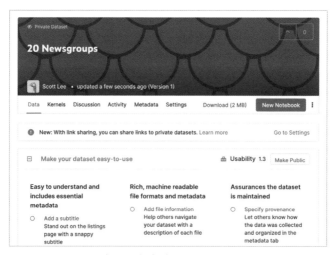

그림 3-32 새로운 데이터 세트 설정하기 4

/kaggle/input 디렉터리 아래에 20-newsgroups라는 디렉터리가 생성되었음을 확인할 수 있습니다.

그림 3-33 새로운 데이터 세트 설정하기 5

한편 데이터 세트의 인터넷 주소나 깃허브 저장소 주소를 입력해 데이터 세트를 불러올 수도 있습니다.

그림 3-34 인터넷 혹은 깃허브 저장소 주소로 데이터 세트 불러오기

다른 노트북의 출력 데이터를 데이터로 사용하기

다른 노트북의 출력 데이터를 새로운 노트북의 입력 데이터로 사용할 수 있습니다. **+ Add data**를 눌러 데이터 세트를 추가할 때 **Kernel Output Files**를 선택한 후 사용 중인 노트북을 검색해 추가하면 됩니다.

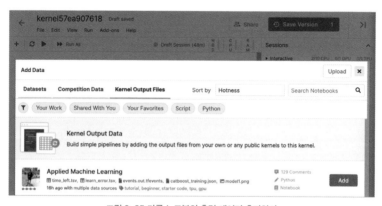

그림 3-35 다른 노트북의 출력 데이터 추가하기

외부 코드 사용하기

캐글 노트북은 머신러닝 기반의 데이터 분석에 필요한 라이브러리, 프레임워크 등의 외부 코드를 거의 다 제공합니다. 하지만 최근에 공개되어 아직 캐글에 추가되지 않았다는 등의 이유로 제공하지 않는 외부 코드가 있습니다.

또한 사용자가 자신이 직접 만든 패키지를 사용해야 할 때도 있을 것입니다. 그런데 직접 만든 패키지의 모든 코드를 노트북에 입력하려면 매우 번거롭습니다.

그래서 캐글 노트북에는 실행 환경에 새로운 패키지를 추가하는 방법이 마련되어 있습니다. 여기서는 파이썬 기반 노트북에 외부 패키지를 추가하는 방법을 알아봅니다.

노트북에 외부 패키지 추가하기

pip[11] 명령으로 설치할 수 있는 외부 패키지는 간단하게 추가할 수 있습니다. 노트북 아래에 있는 **Console** 창을 열고 **Enter console command here** 부분에 `pip install` 패키지이름 명령을 실행하면 됩니다.

11　옮긴이: 파이썬 패키지 소프트웨어를 설치 및 관리하는 패키지 관리 시스템입니다. Python Package Index(PyPI)에서 많은 파이썬 패키지를 확인할 수 있습니다. https://ko.wikipedia.org/wiki/Pip_(패키지_관리자) 참고

그림 3-36 파이썬 외부 패키지 추가

코드 셀에 외부 명령을 실행하는 코드를 작성해 직접 pip 명령을 호출할 수도 있습니다. 다음 코드처럼 !를 붙여 pip install 패키지이름을 작성합니다.

```
!pip install package_name
```

또는 다음 코드처럼 os.system 함수를 사용해 설치할 수도 있습니다.

```
import os

os.system('pip install package_name')
```

데이터 세트의 소스 코드 사용하기

데이터 세트에 파이썬 패키지를 업로드해 노트북에서 사용할 수 있습니다. 데이터 세트의 데이터와 이를 다루는 코드를 묶어서 다룰 때 유용합니다. 여기에서는 자연어 처리에서 사용하는 BERT 모델을 파이토치PyTorch 패키지에서 처리하는 pytorch bert[12] 데이터 세트를 예로 들어 설명합니다.

---

12 https://www.kaggle.com/stellahan/pytorch-bert

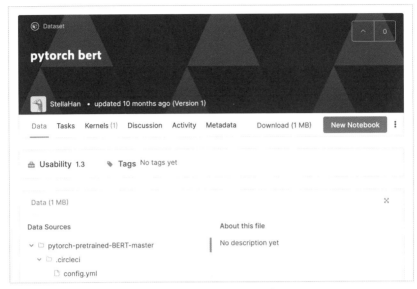

그림 3-37 pytorch bert 데이터 세트

pytorch bert 데이터 세트를 노트북에 추가하면 ../input 아래에 pytorch-bert라는 디렉터리가 생성됩니다. 그 안에 있는 pytorch-pretrained-BERT-master/pytorch_pretrained_bert 디렉터리에 파이썬 패키지가 있으므로 다음 코드처럼 sys.path.append 함수를 사용해 패키지 디렉터리를 추가합니다.

```
import sys
sys.path.append("../input/pytorch-bert/pytorch-pretrained-BERT-
    master/pytorch_pretrained_bert")
```

이제 패키지 디렉터리가 패키지 검색 경로에 추가되었으므로 다음 코드처럼 import 키워드로 새로운 패키지를 불러와서 사용할 수 있습니다.

```
import pytorch_pretrained_bert

pytorch_pretrained_bert.BertTokenizer
```

```
pytorch_pretrained_bert.tokenization.BertTokenizer
```

pytorch_pretrained_bert라는 pytorch bert 데이터 세트 안의 패키지를 정상 적으로 불러왔으므로 BertTokenizer 클래스를 노트북에서 사용할 수 있습니다.

그림 3-38 데이터 세트에서 패키지를 불러와서 사용하기

4장

캐글의
경진 대회

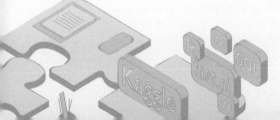

경진 대회에서 노트북의 역할

일반적인 데이터 분석 경진 대회는 여러분이나 다른 참가자의 데이터 분석 내용을 비밀로 합니다. 보통 경진 대회 종료 후 별도의 발표에서 처음으로 공개하는 편입니다.

그런데 캐글에서 열리는 **경진 대회**Competitions는 단순히 최종 결과로 보상을 주는 것에 그치지 않고 노트북을 공개해 캐글러끼리 토론하면서 교류할 수 있는 장을 마련해줍니다. 또한 경진 대회의 경쟁 상황을 실시간으로 확인할 수도 있습니다.

리더보드와 노트북

캐글 경진 대회의 **Leaderboard** 페이지에서는 잠정 순위를 공개합니다. 현재 시점에서 경진 대회에 참가한 캐글러의 점수와 순위를 확인할 수 있습니다.

캐글 경진 대회가 단순히 캐글러의 개발 결과 발표에 그치지 않고, 공개된 경쟁으로 인식되는 이유는 이 리더보드의 역할이 큽니다. 현재 자신의 순위와 다른 캐글러의 순위를 한눈에 볼 수 있으므로 어떻게 점수를 올릴 수 있는지, 어떤 아이디어가 리더보드 점수에 영향을 미치는지 등을 토론하거나 연구해 반영할 수 있습니다. 실제로 특징이 있는 알고리즘을 고안한 노트북을 공개하고 토론하는 것은 지극히 일상적인 일입니다.

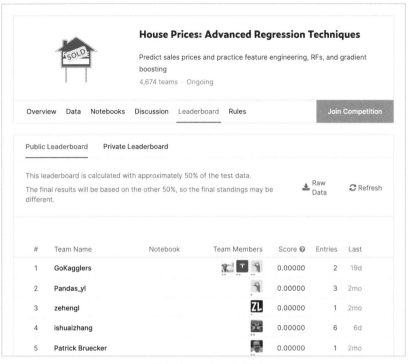

그림 4-1 Leaderboard 페이지

물론 경진 대회 상위 입상이 목표인 캐글러라면 분석 알고리즘의 자세한 내용을 숨겼다가 경진 대회가 끝난 후 공개하는 경우도 있습니다. 그러나 캐글 경진 대회에 참가하는 캐글러들은 데이터 분석에 필요한 기본 알고리즘과 도구를 가능한 한 공유한 후 다양한 노력을 기울여 경쟁하자는 개방적인 문화를 지향합니다. 다른 캐글러와의 교류를 꺼리는 부정적인 분위기는 캐글 경진 대회에 존재하지 않습니다.

경진 대회의 진행 흐름에 따른 노트북 분류

캐글러들이 어떤 캐글 경진 대회에 참가하는지를 알아보려면 경진 대회에 공개된 노트북을 찾아보면 됩니다.

경진 대회에 공개되는 노트북은 무엇을 만들어 공개할지 자유지만 저자는 대략 네 가지 종류로 분류할 수 있다고 생각합니다. 또한 경진 대회 시작부터 종료까지의 시간 흐름에 따라 어느 정도 순서가 있는 형태로 노트북이 공개된다고 생각합니다.

여기에서는 초보 데이터 과학자를 대상으로 하는 학습용 경진 대회 Titanic: Machine Learning from Disaster[01]를 중심으로 경진 대회의 노트북을 어떻게 분류하는지 알아봅니다.

타이태닉호 생존자 예측 경진 대회 소개

타이태닉호 생존자 예측 경진 대회는 1912년 빙산에 충돌해 침몰한 타이태닉호의 전체 승객 명단에서 구출된 승객과 그렇지 못한 승객을 식별하는 것입니다.

타이태닉호의 전체 승객 정보와 구출된 승객 정보는 역사적으로 알려진 데이터입니다. 따라서 정답을 그대로 사용하지 않고 데이터 일부분만 머신러닝용 모델 구축에 사용합니다. 나머지 데이터는 모델을 평가하는 데이터 세트로 사용합니다.

---

01 https://www.kaggle.com/c/titanic

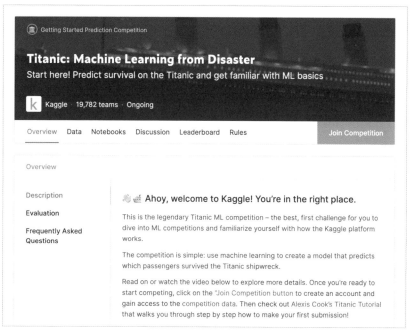

그림 4-2 타이태닉호 생존자 예측 경진 대회

타이태닉호의 승객 데이터에는 당시 사회 계급에 따른 객실 등급, 가족 구성에 따른 비상시 행동 경향 등 다양한 측면의 정보들이 담겨 있습니다. 따라서 구조 여부를 식별하는 데 그치지 않고, 데이터에서 의미 있는 지식을 도출해내는 데이터 과학자 기본 업무에 익숙해지는 연습에도 자주 활용됩니다.

캐글에서는 이 경진 대회에 종료 기한을 정하지 않습니다. 다양한 알고리즘을 시험하고 초보자가 부담 없이 데이터 과학에 익숙해지는 장이 되길 바라기 때문입니다.

베이스라인 노트북

경진 대회가 열리면 가장 먼저 범용 알고리즘을 구현한 **베이스라인**Baseline이라는 노트북이 등장합니다.

머신러닝 기반 데이터 분석에서는 입력 데이터가 있으면 정확하든 정확하지 않든 출력 데이터를 얻습니다. 그런데 이러한 프로그램의 '동작 여부'만으로는 프로그램의 정확도를 판단할 수 없습니다. 따라서 머신러닝 프로그램을 처음 개발할 때는 "최소한 동작은 한다", "적어도 0(임의의 선택 등)보다 좋은 결과가 기대된다" 등 분석과 결과 도출의 기반이 되는 범용 알고리즘을 만듭니다.

이후 본격적으로 머신러닝 프로그램을 개발할 때는 범용 알고리즘보다 어느 정도 성능이 향상되었는지를 살펴봅니다. 범용 알고리즘보다 나쁜 분석 결과가 나오면 알고리즘의 성능 문제가 아닌 프로그램에 버그가 있다고 추측할 수도 있습니다. 캐글 경진 대회 역시 이러한 역할을 하는 베이스라인 노트북이 등장하는 것입니다.

물론 베이스라인이라는 이름이 붙었어도 실제로 꽤 정교한 알고리즘을 구현해 좋은 점수를 내는 노트북이 있습니다. 그러나 베이스라인 노트북은 기본적으로 경진 대회가 열린 직후 (보통 몇 시간 이내!) 발 빠른 캐글러가 첫 번째 결과 제출을 목표로 만드는 간단한 것입니다.

그럼 타이태닉호 생존자 예측 경진 대회의 베이스라인 노트북 예를 소개하겠습니다. 경진 대회 **Notebooks** 페이지의 검색 박스에서 'Random Forest Benchmark(R)'라고 입력한 후 검색 결과의 첫 번째 노트북을 열면 그림 4-3 같은 화면[02]을 볼 수 있습니다.

---

02 https://www.kaggle.com/benhamner/random-forest-benchmark-r

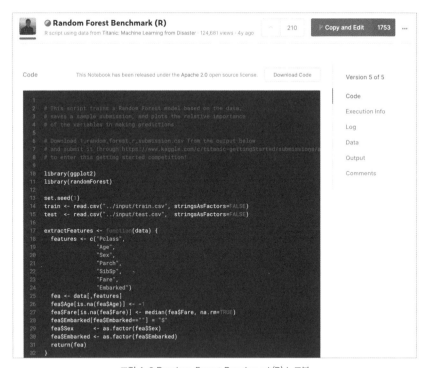

```
 1
 2   # This script trains a Random Forest model based on the data,
 3   # saves a sample submission, and plots the relative importance
 4   # of the variables in making predictions
 5
 6   # Download 1_random_forest_r_submission.csv from the output below
 7   # and submit it through https://www.kaggle.com/c/titanic-gettingStarted/submissions/a
 8   # to enter this getting started competition!
 9
10   library(ggplot2)
11   library(randomForest)
12
13   set.seed(1)
14   train <- read.csv("../input/train.csv", stringsAsFactors=FALSE)
15   test  <- read.csv("../input/test.csv",  stringsAsFactors=FALSE)
16
17   extractFeatures <- function(data) {
18     features <- c("Pclass",
19                   "Age",
20                   "Sex",
21                   "Parch",
22                   "SibSp",
23                   "Fare",
24                   "Embarked")
25     fea <- data[,features]
26     fea$Age[is.na(fea$Age)] <- -1
27     fea$Fare[is.na(fea$Fare)] <- median(fea$Fare, na.rm=TRUE)
28     fea$Embarked[fea$Embarked==""] = "S"
29     fea$Sex      <- as.factor(fea$Sex)
30     fea$Embarked <- as.factor(fea$Embarked)
31     return(fea)
32   }
```

그림 4-3 Random Forest Benchmark(R) 노트북

이 노트북은 R로 작성한 스크립트 타입 노트북이며 주석을 제외하면 40행 정도인 작은 프로그램입니다. 승객 명단에 있는 객실 등급, 승객 나이, 성별 등 7개 항목을 사용해 랜덤 포레스트Random forest[03]라는 머신러닝 알고리즘 모델을 만드는 것입니다.

랜덤 포레스트는 극단적인 편향이 나타나는 경우가 적어 범용으로 사용할 수 있는 머신러닝 알고리즘입니다. 따라서 복잡한 고성능 알고리즘을 구현하기

---

03 옮긴이: 회귀 분석 등에 사용되는 앙상블 학습 방법의 하나입니다. 학습 과정에서 구성한 다수의 결정 트리에서 분류 또는 평균 예측치(회귀 분석)를 출력해 동작합니다.
    https://ko.wikipedia.org/wiki/랜덤_포레스트 참고

전 기준 점수를 계산하는 베이스라인 노트북을 구현하는 데 자주 사용합니다. 한편 간단한 머신러닝 알고리즘을 학습시킨 결과가 담긴 베이스라인 노트북이 나쁘지 않은 점수를 얻는 경우도 제법 있습니다. 이는 복잡한 모델이 항상 좋은 것은 아님을 보여주는 것입니다.

데이터 분석 노트북

경진 대회가 열리고 나서 가장 눈에 띄는 것은 아무래도 경진 대회 데이터를 분석한 후 시각화해서 보여주는 노트북일 것입니다. 이러한 노트북은 경진 대회에 제출할 데이터를 만들지 않는다는 특징이 있습니다(그러므로 노트북을 점수 순서로 정렬해 찾을 수 없습니다). 대신 경진 대회에서 제공하는 데이터를 다양하게 분석해 데이터 사이의 상관관계, 숨겨진 규칙, 데이터 구조의 특이점 등을 알려줍니다.

캐글러는 알고리즘 개발을 잘하는 프로그래머, 데이터 분석에 자신 있는 데이터 과학자 등으로 나뉩니다. 이러한 캐글러마다의 특징이 공개된 노트북의 차이로 나타납니다.

그럼 맨 처음 소개할 **데이터 분석** 노트북인 Titanic Data Science Solutions[04]을 살펴보겠습니다. 파이썬 기반의 노트북 하나 안에 데이터 세트 불러오기, 분석, 시각화, 모델 구축까지 모두 정리해 초보자도 읽고 이해하기 쉽습니다.

---

04 https://www.kaggle.com/startupsci/titanic-data-science-solutions

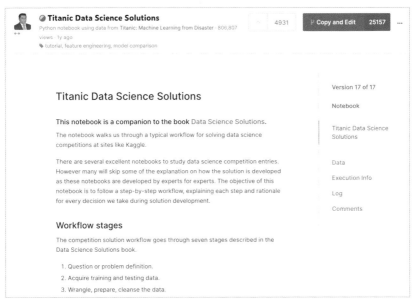

Version 17 of 17

Notebook

Titanic Data Science Solutions

This notebook is a companion to the book Data Science Solutions.

The notebook walks us through a typical workflow for solving data science competitions at sites like Kaggle.

There are several excellent notebooks to study data science competition entries. However many will skip some of the explanation on how the solution is developed as these notebooks are developed by experts for experts. The objective of this notebook is to follow a step-by-step workflow, explaining each step and rationale for every decision we take during solution development.

Titanic Data Science
Solutions

Data

Execution Info

Log

Comments

Workflow stages

The competition solution workflow goes through seven stages described in the Data Science Solutions book.

1. Question or problem definition.
2. Acquire training and testing data.
3. Wrangle, prepare, cleanse the data.

그림 4–4 Titanic Data Science Solutions 노트북

노트북의 처음에는 파이썬으로 데이터 세트를 불러오고, 중간에는 데이터 과학 관점에서 타이태닉호 데이터 세트를 분석합니다. 마지막에는 데이터의 성향을 시각화합니다.

예를 들어 그림 4–5의 그래프는 구출된 승객의 성별에서 남성보다 여성이 구출될 확률이 압도적으로 높다는 것을 보여줍니다. 이는 침몰해가는 배에서 여성을 먼저 탈출시키려고 한 영화 '타이태닉'의 이야기를 데이터로 증명한 예입니다.

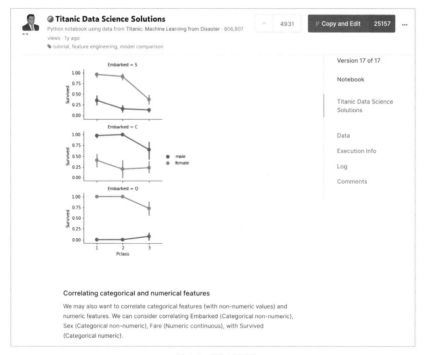

Correlating categorical and numerical features

We may also want to correlate categorical features (with non-numeric values) and numeric features. We can consider correlating Embarked (Categorical non-numeric), Sex (Categorical non-numeric), Fare (Numeric continuous), with Survived (Categorical numeric).

그림 4-5 데이터 시각화

데이터 분석 모델을 만들 때는 이러한 데이터의 특징을 살펴보면서 더 나은 모델이 되도록 노이즈가 적으면서도 종속 변수Dependent variable와 잘 맞는 독립 변수Independent variable를 찾습니다.

다음으로 소개할 재미있는 노트북은 Titanic : 2nd degree families and majority voting[05]입니다. 승객의 가족 구성에 따라 생존 가능성이 어떻게 변하는지 분석합니다.

---

05 https://www.kaggle.com/erikbruin/titanic-2nd-degree-families-and-majority-voting

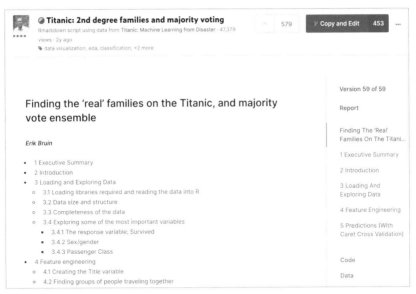

Version 59 of 59

Finding the 'real' families on the Titanic, and majority vote ensemble

Report

Erik Bruin

그림 4-6 Titanic: 2nd degree families and majority voting 노트북

가족 구성은 승객 명단 데이터만으로는 직접 알 수 없습니다. 그래서 같은 성씨, Mr. 또는 Miss. 등의 결혼 여부, 티켓 인원수 등으로 배에 탄 승객 중 서로 가족인 사람을 추정합니다. 이후에는 그룹 크기에 따른 생존 가능성의 변화를 파악합니다.

노트북의 분석 결과는 홀로 여행한 승객의 생존율이 낮고, 3~4명의 가족일 때 생존 가능성이 큰 것으로 나타납니다. 실제로 경진 대회 문제의 솔루션을 만들어 제출할 데이터를 준비하는 과정에서 꼭 필요한 지식을 제공해주는 것입니다.

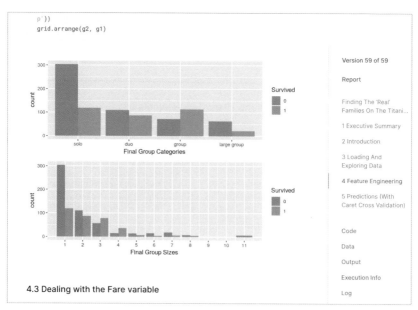

그림 4-7 그룹 크기에 따른 생존율 차이

이 노트북은 데이터를 다양한 각도로 분석한다는 점에서 데이터 과학자의 진가를 알 수 있습니다. 또한 이해하기 쉽도록 다양한 색상으로 그래프를 나타내었다는 점에서 matplotlib 같은 라이브러리를 훌륭히 다루었다는 사실을 알 수 있습니다.

경진 대회가 열린 지 몇 주가 지나면 이러한 데이터 분석 결과가 있는 노트북을 여러 개 찾을 수 있습니다. 캐글 경진 대회의 참가 경험이 적다면 서둘러 경진 대회에 참가하지 않는 것이 좋습니다. 조금 기다렸다가 이러한 분석 결과를 확인하고 데이터와 관련된 지식을 쌓은 후 경진 대회에 참가하는 것이 좋습니다.

포크 노트북

여러분이 경진 대회에 처음 참가한다면 곧바로 분석 프로그램을 만들지 않는 것이 좋습니다. 경진 대회에 공개된 노트북을 기반으로 프로그램을 만들어 참가할 수 있기 때문입니다.

소스 코드의 특정 버전을 복사해 다른 파생 프로그램을 작성하는 것을 **포크**Fork라고 합니다. 2장에서 살펴본 것처럼 캐글에 공개된 노트북을 포크해 내 노트북으로 저장해서 코드 등을 수정할 수 있습니다(캐글의 이전 인터페이스에서는 **Copy and Edit**를 **Fork Kernel**이라고 했습니다).

물론 어떤 노트북의 소스 코드를 그대로 코드 편집기에 복사하여 붙여넣어도 괜찮지만 특별한 상황이 아니라면 캐글 노트북의 **Copy and Edit** 기능으로 노트북을 복사하는 것이 좋습니다. 해당 노트북을 만든 캐글러의 노력을 존중한다는 숨은 뜻이 있기 때문입니다. 원본 노트북을 복사해 만든 노트북이라는 마크가 붙기 때문에 복사한 노트북임을 바로 알 수 있습니다.

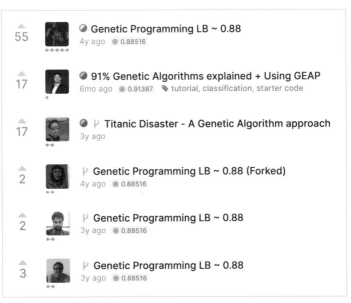

그림 4-8 포크 노트북

병합 노트북

캐글의 노트북 검색 결과에서 제목에 merge, blend, stacking, ensemble이라는 단어가 있다면 해당 노트북은 캐글 안에 있는 다양한 요소를 조합해 만들었다고 생각해도 됩니다. 기술적으로는 앙상블 학습Ensemble learning [06]을 활용하는 스태킹Stacking [07] 혹은 모델 평균화Model averaging [08] 등을 사용할 때가 많습니다.

경진 대회가 열린 후에는 **병합**Merge 노트북을 만드는 캐글러가 있습니다. 다양한 모델, 데이터 세트, 심지어 다른 캐글러의 공개 노트북 출력 결과를 조합해서 만듭니다.

그림 4-9는 APTOS 2019 Blindness Detection [09]이라는 경진 대회에 공개된 전형적인 병합 노트북 Blending Kernel | Top3 Model + 2 Public (GM) [10]입니다.

노트북 제목처럼 특정 시점의 상위 3개 모델, 1개의 공개 데이터 세트와 노트북을 조합합니다. 여기에서는 aptos 3 best models [11]라는 데이터 세트, EfficientNetB3 Regression Keras [12]라는 공개 노트북의 출력 결과를 해당 노트북의 입력 데이터로 설정했습니다.

---

06 옮긴이: 학습 알고리즘(learning algorithm)들을 따로 사용하는 것보다 더 좋은 예측 성능을 얻으려고 다수의 학습 알고리즘을 사용하는 방법입니다.
   https://ko.wikipedia.org/wiki/앙상블_학습법 참고
07 옮긴이: 여러 다른 학습 알고리즘의 예측을 결합하는 방향으로 알고리즘을 학습시키는 방법입니다. https://en.wikipedia.org/wiki/Ensemble_learning#Stacking 참고
08 옮긴이: 데이터가 적어 모델의 신뢰도가 낮을 때 앙상블 학습으로 모델의 신뢰도를 높이는 방법입니다.
09 옮긴이: https://www.kaggle.com/c/aptos2019-blindness-detection
10 옮긴이: https://www.kaggle.com/fanconic/blending-kernel-top3-model-2-public-gm
11 옮긴이: https://www.kaggle.com/fanconic/aptos-3-best-models
12 옮긴이: https://www.kaggle.com/fanconic/efficientnetb3-regression-keras

그림 4-9 Blending Kernel | Top3 Model + 2 Public (GM) 노트북

그림 4-10 노트북에서 사용하는 데이터 세트와 공개 노트북

이러한 병합 노트북은 주로 경진 대회 막바지에 어느 정도 높은 성능의 노트북이 공개된 시점에 등장합니다.

노트북 종류별 등장 순서 정리

그림 4-11은 지금까지 소개한 노트북의 종류별 등장 순서를 정리한 것입니다.

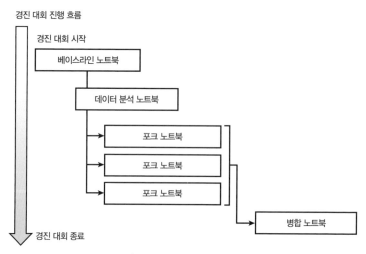

그림 4-11 노트북 종류별 등장 순서

먼저 베이스라인 노트북이 등장하고, 그다음 데이터 분석 노트북이 등장합니다. 이후에는 각 캐글러의 개선 사항이 포함된 포크 노트북이 등장합니다. 그리고 경진 대회 막바지에 점수 올리기가 어려워지면 점수가 높은 모델이나 노트북 여러 개를 이용하는 병합 노트북이 등장합니다.

단, 그림 4-11은 어디까지나 저자 개인 생각으로 분류한 노트북 종류에 따른 등장 순서입니다. 실제 경진 대회가 진행될 때는 더욱 다양한 노트북이 만들어지고 공개된다는 점을 염두에 두기 바랍니다.

다양한 경진 대회 소개

이번에는 저자가 참가한 Jigsaw Unintended Bias in Toxicity Classification[13]이라는 경진 대회를 바탕으로 실제 경진 대회에서 벌어지는 여러 가지 사례를 소개합니다.

이 경진 대회는 게시판과 트위터 등의 메시지에서 부적절한 표현(공격적, 성적인 표현 등)과 그렇지 않은 것으로 구분하는 텍스트 분류 문제를 다루었습니다.

TIP!

참고로 이 경진 대회가 열렸던 시점에는 노트북을 커널이라고 했습니다. 따라서 게시물 등에서 '커널(Kernel)'이라는 용어를 사용할 수 있습니다. 현재 캐글에서 커널은 노트북이라고 하므로 커널 = 노트북으로 이해해도 상관없습니다.

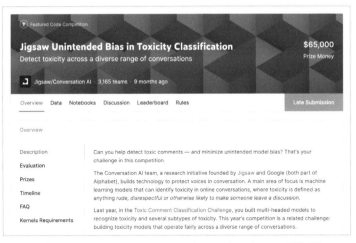

그림 4-12 Jigsaw Unintended Bias in Toxicity Classification 경진 대회

---

13 https://www.kaggle.com/c/jigsaw-unintended-bias-in-toxicity-classification

이 경진 대회의 특징 중 하나는 메시지를 올린 사람이 속한 그룹을 구분한 데이터를 사용한다는 점입니다. 예를 들어 같은 단어라도 성적 소수자가 쓸 때와 그렇지 않은 사람이 쓸 때의 의미가 서로 다른 상황을 고려한 모델을 만들 수 있습니다.

공개 노트북 중심으로 경진 대회 살펴보기

지금부터 노트북이 공개된 흐름을 중심으로 경진 대회의 진행 과정을 살펴보겠습니다. 공개된 노트북 전부를 다룰 수는 없으므로 노트북을 '포크'하여 개선하는 흐름을 기준으로 하겠습니다. 경진 대회 참가자가 서로 돕고 격려하는 모습을 볼 수 있습니다.

공개 노트북 소개

여기에서 소개할 노트북은 모두 7개입니다. 캐글의 노트북 복사 기능을 이용해 만든 것(참조한 원본 노트북 확인 가능), 다른 노트북의 소스 코드를 복사해 새로 만든 것, 어떤 프레임워크로 신경망 모델 구조를 재구현한 것 등이 있습니다. 모두 하나의 흐름에 속하며, 서로 연관성이 있는 노트북입니다.

1. Simple LSTM[14]
2. Simple LSTM – PyTorch version[15]
3. Simple LSTM using Identity Parameters Solution[16]
4. Simple LSTM with Identity Parameters – FastAI[17]

---

14 https://www.kaggle.com/thousandvoices/simple-lstm
15 https://www.kaggle.com/bminixhofer/simple-lstm-pytorch-version
16 https://www.kaggle.com/tanreinama/simple-lstm-using-identity-parameters-solution
17 https://www.kaggle.com/kunwar31/simple-lstm-with-identity-parameters-fastai

5. PreText–LSTM–Tuning v3[18]
6. PreText–LSTM–Tuning v3 with ensemble tune[19]
7. BERT + LSTM(rank blender)[20]

경진 대회에서는 모두가 같은 문제를 풀기 때문에 어떤 솔루션을 어디에서 사용했는지 여러 캐글러가 명확히 알 수 있습니다. 그래서 누군가의 아이디어를 차용한 노트북이 있다면 바로 알 수 있습니다. 실제로 앞에서 소개한 노트북 대부분은 다른 노트북의 소스 코드 일부분을 복사해 만든 것입니다.

캐글 기능을 이용해 노트북을 직접 복사하지 않았더라도 다른 캐글러의 노트북을 참고한 경우라면 보통 노트북의 댓글에 참고했다고 남기는 문화[21]가 형성되어 있습니다. 그래서 노트북이 등장한 흐름을 따라가기는 어렵지 않습니다.

실제 경진 대회의 진행 흐름

실제 경진 대회의 공개 노트북을 시간 순서대로 소개하면 다음과 같습니다.

경진 대회 초반

먼저 thousandvoices라는 캐글러가 Simple LSTM이라는 노트북을 공개합니다. LSTM Long short-term memory[22]은 문장 처리 등에 일반적으로 사용하는 신경망입니다.

---

18 https://www.kaggle.com/cristinasierra/pretext-lstm-tuning-v3
19 https://www.kaggle.com/tanreinama/pretext-lstm-tuning-v3-with-ensemble-tune
20 https://www.kaggle.com/chechir/bert-lstm-rank-blender
21 옮긴이: https://www.kaggle.com/product-feedback/34719
22 옮긴이: 딥러닝 분야에서 사용하는 순환 신경망(RNN) 아키텍처입니다.
    https://en.wikipedia.org/wiki/Long_short-term_memory 참고

Simple LSTM은 이름대로 LSTM 2계층만 있는 단순한 모델을 사용하는 노트북입니다. 앞에서 소개한 노트북 종류로 나누자면 베이스라인 노트북에 속합니다.

그리고 바로 Benjamin Minixhofer라는 캐글러가 Simple LSTM - PyTorch version이라는 노트북을 공개해 파이토치 프레임워크를 사용하면 같은 신경망 모델에서 점수를 올릴 수 있다는 점을 보여주었습니다. 실제로 먼저 공개한 Simple LSTM 노트북과 같은 2계층의 LSTM이지만 점수가 더 높았습니다.

여기서 저자도 Simple LSTM using Identity Parameters Solution이라는 노트북을 공개해 참가했습니다. 경진 대회 데이터 세트의 특성을 잘 이용한 손실 함수를 만들면 점수가 오를 수 있다는 것을 알린 것입니다. 이렇게 저자가 소개한 노트북은 편의상 'Identity Parameters'라고 불렀습니다.

Simple LSTM - PyTorch version과 Simple LSTM using Identity Parameters Solution은 같은 Simple LSTM 노트북에서 서로 다른 두 가지 방법으로 점수를 올린 것입니다.

다음으로 "방금 소개한 두 가지 방법을 동시에 사용하면 더 좋은 결과를 얻지 않을까?"라고 생각한 캐글러가 있었습니다. 그 결과 Kunwar Raj Singh라는 캐글러가 만든 Simple LSTM with Identity Parameters - FastAI라는 노트북이 공개되었습니다. 이 노트북은 한동안 경진 대회의 공개 노트북 중에서 가장 높은 점수를 유지했습니다.

경진 대회 중반과 후반
Simple LSTM with Identity Parameters - FastAI 노트북이 공개된 이후에는 더 좋은 아이디어를 선보이는 공개 노트북이 등장하지 않았습니다. 대신 몇 가지 개선 사항을 추가해 점수를 약간 올리는 방향으로 경진 대회가 이어져 갔습니다.

여기서 다음에 소개할 노트북이 등장합니다. 모델에 학습시킬 문장 데이터 자체에 주목한 CristinaSierra라는 캐글러가 문장을 전처리해 한층 더 점수를 올린 PreText-LSTM-Tuning v3라는 노트북을 공개한 것입니다. 'v3'라는 이름에서 시행착오를 거친 흔적이 보입니다. 데이터 전처리 이외에 모델과 학습 부분은 Simple LSTM with Identity Parameters - FastAI 노트북의 소스 코드를 복사 및 붙여넣기 하여 만들었습니다.

저자 역시 해당 노트북을 복사해 PreText-LSTM-Tuning v3 with ensemble tune이라는 노트북을 만들어 공개하기도 했습니다. PreText-LSTM-Tuning v3 노트북을 바탕으로 앙상블 학습 부분을 튜닝해 점수를 약간 올린 것입니다.

여기까지 공개된 노트북은 모두 Simple LSTM 노트북에서 시작되었습니다. 사용하는 모델도 Simple LSTM 노트북과 같은 LSTM 2계층이며, 신경망의 노드 수도 같습니다. 그럼 "신경망의 노드 수 등을 튜닝하면 점수가 더 오를 수 있지 않을까?"라는 의문을 갖는 분도 있을 것입니다. 이 의문에는 크게 두 가지로 답할 수 있습니다.

하나는 캐글러들이 기존 기술 기반에서 새로운 아이디어를 추가한 솔루션을 평가받으려는 경쟁 심리가 있다는 것입니다. 실제로 신경망 모델 자체를 변경해 점수가 오르면 점수가 오른 이유가 튜닝 때문인지, 새로운 신경망 모델 때문인지를 알 수 없습니다. 그래서 Simple LSTM 노트북의 신경망 모델을 공통으로 사용한 것입니다.

다른 하나는 경진 대회 순위에 오르려고 모델 튜닝 기법을 막바지까지 숨기는 것입니다. 이는 경진 대회의 성격상 어쩔 수 없는 부분이라고 생각합니다.

경진 대회 마지막

지금까지 소개한 노트북은 모두 LSTM 모델의 연장선에 있습니다. 물론 경진 대회에는 다른 모델도 동시에 개발되어 튜닝이 진행되었습니다. 그중 주목할 것은 BERT라는 모델입니다. BERT 역시 신경망 모델의 하나로 LSTM보다 새로운 방식입니다.

그래서 "LSTM과 BERT 모델을 조합하면 모델 하나를 사용하는 것보다 더 나은 결과를 얻을 수 있지 않을까?"라고 생각한 캐글러가 등장했습니다. Matias Thayer라는 캐글러가 공개한 BERT+LSTM(rank blender) 노트북입니다. 'blend'라는 단어가 들어간 것에서 알 수 있듯이 여러 머신러닝 모델을 조합하는 병합 노트북을 뜻합니다.

경진 대회의 규칙 중에는 다른 노트북의 출력 결과를 자신의 노트북 입력 데이터로 사용할 수 없다는 규칙이 있었습니다. 그래서 BERT+LSTM(rank blender) 노트북은 BERT 모델과 LSTM 모델의 결과를 동시에 연산합니다.

당연한 일이지만 BERT+LSTM(rank blender) 노트북은 경진 대회 막바지에 가장 좋은 점수를 얻은 공개 노트북이 되었습니다.

경진 대회 노트북의 발전 흐름

지금까지 설명한 노트북 7개가 발전해 가는 흐름을 그림으로 나타내면 다음과 같습니다.

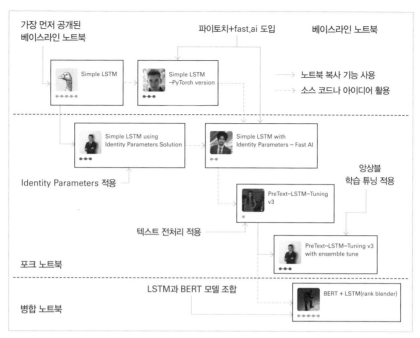

그림 4-13 노트북 7개의 발전 흐름

경진 대회 시간 순서상 먼저 공개된 노트북부터 그림 위에서 아래 방향으로 배치했습니다. 또한 그림 오른쪽에 배치된 것일수록 경진 대회 Leaderboard 페이지에서 높은 점수를 올린 것입니다. 그림 4-13을 보면 경진 대회에서 노트북이 발전해 가는 모습을 한눈에 볼 수 있습니다.

학회 등에서 발표한 논문이라면 해당 논문에서 인용한 자료를 찾으면서 학문의 발전 방향을 파악하는 경우가 있습니다. 보통 논문에 인용한 자료는 오랜 세월을 거쳐 만들어졌을 때가 많은데 캐글의 경진 대회는 열린 지 불과 2개월만에 이러한 발전을 이뤘다는 점에서 흥미롭습니다.

또한 러시아, 칠레, 인도 등 전 세계의 캐글러가 노트북을 공개했다는 점은 캐글이 왜 글로벌 경진 대회 사이트인지 잘 보여준 사례라고 할 수 있습니다.

노트북 공개와 경진 대회의 연관성

Jigsaw Unintended Bias in Toxicity Classification 경진 대회는 현재 종료되었습니다. 그래서 여기서 소개한 것 이외의 우수한 알고리즘을 포함한 공개 노트북이 많습니다.

그런데 경진 대회 중간에 공개된 노트북 위주로 경진 대회의 진행 흐름을 설명한 이유는 다음과 같습니다.

1. 공개 노트북의 발전 방향을 살펴보며 경진 대회의 분위기를 이해할 수 있음
2. 종료 후 우승한 사람의 '솔루션'이 담긴 노트북보다 다양한 캐글러가 시행착오를 거쳐 만드는 노트북을 볼 때 데이터 과학을 공부하기 좋음

보통 경진 대회 중간에는 노트북의 댓글을 중심으로 특정 캐글러에게 노트북을 빨리 공개해달라는 요청이 있습니다. 즉, 경진 대회 중간에 공개하는 노트북에는 여러 캐글러의 반응이 있으므로 분위기를 파악하기 좋습니다. 그런데 해당 캐글러는 경진 대회의 순위도 신경 써야 하므로 무작정 노트북을 공개하지는 않습니다. 이 과정에서 밀고 당기기가 작용합니다.

한편 경진 대회 중간에 공개하는 노트북은 '이 정도는 알려져도 상관없다'라고 판단한 것입니다. 비장의 무기와 같은 솔루션은 숨길 때가 많습니다. 이는 공개 노트북에 우승자의 복잡한 알고리즘 보다 데이터 과학을 공부하는 데 적합한 기초 내용이 포함될 때가 많다는 뜻입니다.

이렇게 경진 대회의 노트북 공개는 심오한 측면이 있습니다. 이를 느낄 수 있는 사례 하나를 소개합니다. 저자가 두 번째로 공개한 PreText-LSTM-Tuning v3 with ensemble tune 노트북에 댓글로 남겨진 메시지입니다.

Aditya Soni · Posted on Latest Version · a year ago · Reply

What did you get by sharing? All forks lol...
Avoid Sharing

그림 4-14 노트북에 댓글로 남긴 푸념

> 당신은 왜 다 공유하는 거야? 모두 포크해버리잖아
> 비밀로 해두면 좋을 텐데…

저자는 공개 노트북으로 두 번이나 새로운 솔루션을 만들었습니다. 그런데 저자가 솔루션을 왜 공개하는지 부정적으로 바라보는 캐글러가 있었던 것입니다. 댓글 내용을 살펴보면 '왜 새로운 솔루션이 담긴 노트북을 공개해서 손해를 자초하는 거야?'라는 느낌을 받을 것입니다. 하지만 저자가 공개한 노트북의 점수는 해당 시점에 상위 10% 순위에 속하지 않았으므로 경진 대회에 영향을 미칠 정도는 아니었다고 생각합니다.

이처럼 캐글에는 노트북을 공개해 자신의 솔루션을 자랑하고 싶은 캐글러, 비밀을 간직해 경진 대회 순위를 하나라도 올리려는 캐글러, 노트북 공개와 비공개에 자신의 이득을 따지는 캐글러 등이 있습니다. 다양한 생각이 오고 가는 커뮤니티 성격을 잘 나타내는 사례라고 생각합니다.

최종 입상자의 솔루션 살펴보기

지금까지는 경진 대회가 열린 기간에 공개된 노트북을 소개했습니다.

이번에는 Jigsaw Unintended Bias in Toxicity Classification 경진 대회의 최종 입상자가 공개한 솔루션을 살펴보겠습니다.

먼저 우승한 사람의 노트북을 살펴보기 전 26위에 입상한 캐글러의 솔루션을 살펴보겠습니다. 경진 대회 **Discussion** 페이지의 Public LB Top 10, Private LB Top 26 Solution (Single Bert - 0.94560)[23]이라는 게시물입니다.

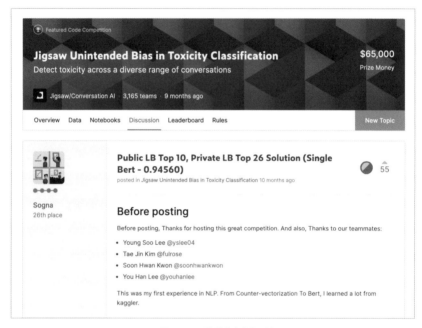

그림 4-15 26위 입상자의 솔루션

해당 솔루션은 개인이 아닌 팀에서 만들었고, 공개된 노트북의 아이디어를 조합해서 구현한 것입니다. 실제 'Solution' 부분에는 다음 내용이 있습니다.

23 https://www.kaggle.com/c/jigsaw-unintended-bias-in-toxicity-classification/ discussion/97422#latest-592199

1. 문장 전처리Text Preprocessing는 How To: Preprocessing for GloVe Part1: EDA[24]라는 노트북을 참고
2. 모델 설계Model Architecture는 LSTM과 BERT 모델을 조합하려고 Simple LSTM – PyTorch version과 Toxic BERT plain vanila[25] 노트북을 참고
3. 모델을 튜닝하는 손실 함수Loss Function는 저자의 Simple LSTM using Identity Parameters Solution 노트북을 참고

LSTM과 BERT 모델을 조합하는 공개 노트북의 아이디어도 사용했음을 알 수 있습니다. 또한 'Loss Function' 부분에는 저자가 경진 대회의 데이터 세트에 맞게 만든 손실 함수 튜닝 노트북에 고마움을 전하기도 했습니다.

이렇게 공개 노트북에 포함된 아이디어를 조합해서 상위에 입상할 수 있음은 캐글 경진 대회의 특징 중 하나입니다.

우승자의 솔루션

우승자의 솔루션은 경진 대회 Discussion 페이지의 1ST PLACE SOLUTION[26]이라는 게시물입니다. 별도의 프레젠테이션 문서[27]도 공개했습니다.

내용을 살펴보면 경진 대회의 데이터 세트를 튜닝하는 손실 함수를 사용한다는 아이디어를 적용한 것은 기존의 공개 노트북과 같습니다. 하지만 해당 시점의 최신 기술인 BERT, XLNet, GPT2 모델을 조합했다는 차이가 있습니다. 공개 노트북들에서 인기가 있었던 LSTM 모델을 사용하지 않았습니다.

---

24 https://www.kaggle.com/christofhenkel/how-to-preprocessing-for-glove-part1-eda
25 https://www.kaggle.com/yuval6967/toxic-bert-plain-vanila
26 옮긴이: https://www.kaggle.com/c/jigsaw-unintended-bias-in-toxicity-classification/discussion/103280
27 옮긴이: https://docs.google.com/presentation/d/1Km1C8jKpofoRRnWRMka-SGrfRNd8jlp6TuasqVKY91E/edit#slide=id.g5e76269e6d_1_0

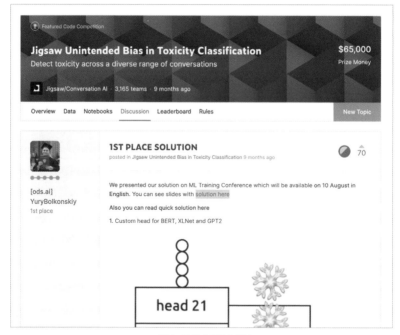

그림 4-16 우승자의 솔루션

입상한 솔루션을 설명한 캐글러 중 LSTM 모델을 사용한 것은 3위(3rd place solution)[28]가 최고였습니다. 그런데 이 노트북 역시 LSTM과 BERT 모델 이외에 GPT2와 공개 노트북에서는 볼 수 없었던 네거티브 다운 샘플링(Negative down sampling)이라는 기술을 사용했습니다.

이처럼 캐글 경진 대회에는 겉으로 드러나는 경쟁 외에도 공개되지 않은 솔루션을 적용하는 경쟁이 동시에 이뤄집니다. 상위에 입상하려면 공개 노트북을 잘 살펴보는 것 이외에 해당 경진 대회에 적용할 최신 기술도 파악해야 합니다.

---

28 https://www.kaggle.com/c/jigsaw-unintended-bias-in-toxicity-classification/discussion/97471#latest-582610

경진 대회의 세부 사항이 중요한 이유

지금까지 소개한 캐글 경진 대회의 주요 사항은 어느 정도 정형화된 부분입니다. 경험을 쌓기 위해 경진 대회 참가에만 목적을 둔다면 경진 대회별 세부 사항의 차이는 크게 신경 쓰지 않아도 됩니다.

하지만 경진 대회 순위에 드는 것이 목표라면 해당 경진 대회의 독자적인 규칙 등 세부 사항을 이해해두어야 합니다.

경진 대회의 별도 규칙

캐글 경진 대회는 보통 어떤 회사의 후원(데이터와 상금 등을 제공)으로 열리게 되므로 해당 회사가 요구하는 성과를 달성하는 데 필요한 별도의 규칙을 정합니다.

물론 캐글 경진 대회 자체는 높은 점수를 올리는 모델을 만들어 순위에 든다는 정형화된 측면이 있습니다. 하지만 캐글에서 자동으로 계산하는 점수가 아니라 노트북을 사람이 직접 확인해서 우수한 것을 선택할 때도 있습니다. 혹은 머신러닝 기법을 발전시킨다는 목표 때문에 경진 대회 주최자가 정한 분석 기법만 사용한다는 규칙이 추가되기도 합니다.

평가 함수 살펴보기

평가 함수는 경진 대회에 제출한 데이터를 대상으로 Leaderboard 페이지에 공개할 점수를 계산하는 함수입니다. 경진 대회 주최자는 제출할 데이터와 비교할 '정답 데이터'가 있으므로 정답 데이터와 참가자들이 제출한 데이터를 바탕으로 점수를 계산합니다.

평가 함수는 경진 대회 **Overview** 하위의 **Evaluation** 페이지에서 확인합니다. 그림 4-17은 정기 경진 대회인 Digit Recognizer의 평가 함수[29] 소개입니다.

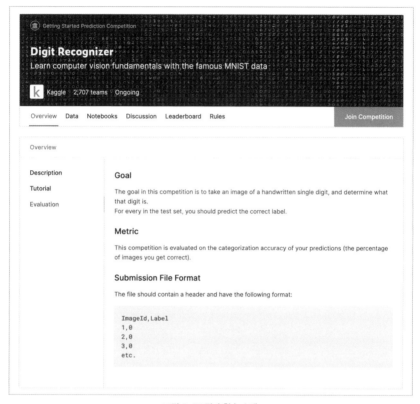

그림 4-17 평가 함수 소개

통상적인 클래스 분류가 필요한 경진 대회라면 보통 머신러닝과 데이터 분석 분야에서 자주 사용하는 정확도Accuracy[30] 점수와 곡선아래면적Area Under the Curve,

---

29 옮긴이: https://www.kaggle.com/c/digit-recognizer/overview/evaluation
30 옮긴이: 모델이 얼마나 결과를 정확히 예측했는지 나타내는 지표입니다.

AUC[31] 점수를 계산하도록 평가 함수를 정의합니다. 클래스 분류 이외의 문제에서는 머신러닝과 데이터 분석 관련 지식이 있다면 쉽게 이해할 수 있는 이론 기반의 평가 함수를 만들어 사용합니다.

한편 일반적인 통계 점수가 아닌 특별한 평가 함수를 사용하는 경진 대회도 있습니다. 대표적인 예로 Jigsaw Unintended Bias in Toxicity Classification 경진 대회의 평가 함수[32]가 있습니다(5장에서 자세히 설명합니다).

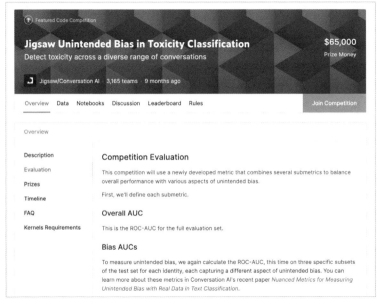

그림 4-18 특수한 평가 함수 정의

---

31 옮긴이: 모델의 성능이 일정 수준을 넘었는지 나타내는 ROC 곡선(Receiver Operating Characteristic Curve, 수신자 조작 특성 곡선) 아래의 면적을 뜻합니다. 불균형 데이터에 대응하는 평가 지표로 활용합니다.
32 옮긴이: https://www.kaggle.com/c/jigsaw-unintended-bias-in-toxicity-classification/overview/evaluation

제출 결과 살펴보기

경진 대회에 제출할 결과에는 일정한 형식이 있습니다. 결과를 제출하기 전 꼭 확인해야 합니다. 보통 sample_submission.csv라는 파일에 양식이 준비되어 있으므로 해당 파일의 양식을 불러와서 여러분의 출력 결과를 넣고 별도의 파일을 생성하도록 코드를 작성하면 됩니다.

경진 대회의 제출 결과 형식은 Overview 하위의 Evaluation 페이지 내용 중 'Submission File'에서 알 수 있습니다. 그림 4-19는 Jigsaw Unintended Bias in Toxicity Classification 경진 대회의 제출 결과 형식입니다.

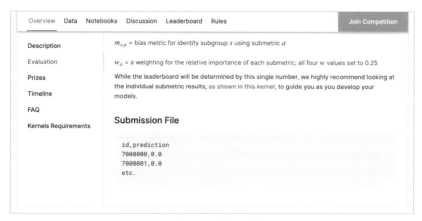

그림 4-19 제출 결과 형식

경진 대회에서는 진행 중간에도 제출된 결과들에 평가 함수를 적용해 해당 결과의 점수를 계산합니다. 그리고 점수에 따라 순위를 매겨 Leaderboard 페이지에 공개합니다. 그런데 한 사람이 여러 가지 결과를 제출할 수 없는 것이 캐글의 기본 운영 방향이므로 경진 대회가 종료되기 전에는 최종 제출 결과를 선택할 필요가 있습니다.

최종 제출 결과는 경진 대회의 **My Submissions** 페이지에서 여러 개의 제출 결과 이력 중 여러분이 최종 제출할 결과의 체크 박스를 선택하면 됩니다.

All Successful Selected		
Submission and Description	Public Score	Use for Final Score
pandas_digit_recognizer (version 1/1) 4 days ago by Scott Lee From "pandas_digit_recognizer" Script	0.96800	☐
Chainer-MNISTClassifier-base (version 3/3) 11 days ago by Scott Lee From "Chainer-MNISTClassifier-base" Script	0.97271	☐
Chainer-MNISTClassifier-base (version 2/3) 11 days ago by Scott Lee From "Chainer-MNISTClassifier-base" Script	0.94714	☐
Chainer-MNISTClassifier-base (version 1/3) 11 days ago by Scott Lee From "Chainer-MNISTClassifier-base" Script	0.86757	☐
[Deleted Notebook] 12 days ago by Scott Lee From "Chainer-MNISTClassifier-base" Script	0.85771	☐
No more submissions to show		

그림 4-20 최종 제출 결과 선택

보통은 점수가 가장 높은 결과를 선택합니다. 단, 나중에 설명할 **노트북 전용** Kernels Only 경진 대회라면 공개 데이터와 최종 순위를 결정하는 평가 데이터가 다른 경우도 있습니다. 경진 대회 규칙에 따라 적절한 결과를 선택해 제출해야 합니다.

팀 편성과 결과 제출 기한

캐글 경진 대회에는 몇 가지 기한이 정해져 있습니다. 그중 하나로 팀 편성 마감 기한이 있습니다. 보통 최종 결과 제출 기한의 약 1~2주 전으로 설정합니다. 이는 점수 올리기가 한계점에 도달한 경진 대회 종료 직전에 리더보드 상위 참가자 중심의 팀이 만들어져 다른 캐글러가 이익을 보는 행동을 막기 위한 것입니다.

팀 편성과 결과 제출 기한은 경진 대회 Overview 하위의 **Timeline** 페이지에 명시되어 있습니다. 그림 4-21은 APTOS 2019 Blindness Detection 경진 대회의 예입니다.

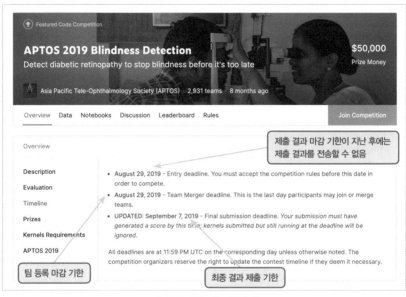

그림 4-21 경진 대회 마감 기한

그 외 경진 대회의 세부 사항에는 최대 팀 인원수, 솔루션 소개 게시물 작성 등 입상자의 의무나 상금 수령 방법(예: 미국 세무부에 제출할 서류) 등이 있습니다. 자세한 내용은 경진 대회의 **Rules** 페이지에서 확인할 수 있습니다.

경진 대회 종료 후

최종 제출 결과를 선택하고 경진 대회의 마감 기한이 지나면 최종 순위 확정을 기다리게 됩니다. 순위가 확정되어 상위 10% 안에 들면 메달이 수여되고, 캐글 프로필 페이지에 반영됩니다.

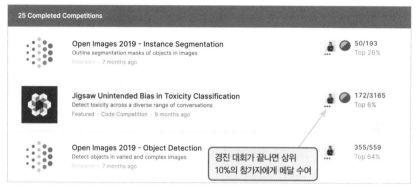

그림 4-22 경진 대회 종료 후 메달 수여

최종 순위 확정

경진 대회 진행 중의 순위는 어디까지나 예상 순위입니다. 최종 순위는 경진 대회가 종료되어야 확정됩니다.

최종 순위는 보통 경진 대회 종료 직후 확정되지만 마감 기한 몇 주 혹은 몇 개월이 지나야 순위가 확정되는 경진 대회도 있습니다. 예를 들어 5장에서 설명할 노트북 전용 경진 대회라면 별도의 테스트용 데이터로 노트북을 다시 실행해 순위를 확정할 때가 있기 때문입니다. 1장에서 소개한 Google Cloud & NCAA® ML Competition처럼 경진 대회 마감 시점까지 정답 데이터가 없는 상황도 있습니다.[33]

---

[33] 경진 대회는 NCAA 개최 전에 완료되는데 정답 데이터는 그해 NCAA가 끝나야 얻을 수 있습니다.

또한 외부 데이터의 사용 등 경진 대회의 규칙을 위반해 최종 순위에서 제외되는 상황이 있습니다.

솔루션 공개

경진 대회가 끝난 후 Discussion 페이지에는 상위 입상자들이 차례로 솔루션을 공개하는 게시물을 등록합니다.

솔루션을 공개하는 특별한 규칙은 없습니다. 경진 대회의 Discussion 페이지에 직접 자세한 설명을 적는 캐글러도 있고, 깃허브 등에 업로드한 소스 코드를 참조해 솔루션을 소개하는 캐글러도 있습니다. 이 장에서 소개한 Jigsaw Unintended Bias in Toxicity Classification 경진 대회의 우승팀은 Discussion 페이지에 게시물을 등록했을 뿐만 아니라 경진 대회 종료 후 열린 머신러닝 강연에서 솔루션을 소개하기도 했습니다.

데이터 과학자는 평소에 데이터를 세밀하게 다루는 능력을 평가받아서 그런지 경진 대회에 입상했을 때 상당한 자부심을 느끼는 것 같습니다. 특히 경진 대회 상위에 입상해 솔루션을 소개하면 자부심이 더 커지는 것 같습니다.

한편 경진 대회가 진행 중일 때 올린 게시물보다 종료 후 솔루션을 소개한 게시물에 추천이 더 많기도 합니다. 보통 경진 대회 최종 결과에서 금메달을 얻는 순위일 때 솔루션을 소개하면 많은 추천을 받는 편입니다. 또한 몇 위까지 입상했을 때만 솔루션을 공개할 수 있다는 제한이 없으므로 두 자릿수 순위의 입상자도 솔루션을 공개하는 경우가 많습니다.

프라이빗 리더보드의 역할

경진 대회가 끝난 후에도 새로운 솔루션을 찾는 활동은 계속 이어집니다. 예를 들어 경진 대회 종료 후 상당한 시간이 지났는데도 새로운 솔루션을 경진 대회의 Discussion 페이지에 공개하는 상황이 자주 있습니다. 그런데 Discussion 페이지를 이용하면 경진 대회가 진행 중일 때와 같은 분위기를 느끼기는 어렵습니다. 따라서 경진 대회가 끝난 후 새로운 솔루션을 개발해 이전보다 좋은 결과를 얻었다면 다른 방법으로 발표하는 것이 좋습니다.

그 방법의 하나로 **Private Leaderboard** 페이지를 이용하는 방법이 있습니다. 이곳에서는 경진 대회 종료 후에도 경진 대회 개최 중의 잠정 순위를 표시했던 것과 같은 개념으로 순위와 점수가 계속 업데이트됩니다(단, 종료 후 사람이 직접 순위를 매기는 경진 대회라면 순위나 점수가 업데이트되지 않는다는 점을 기억하기 바랍니다).

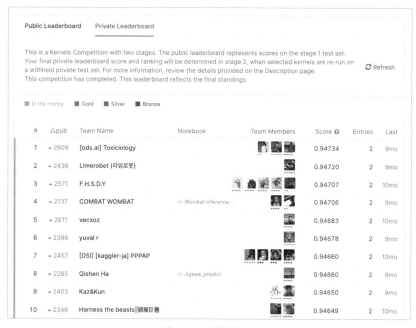

그림 4-23 프라이빗 리더보드

가끔 경진 대회가 끝난 지 오래된 Private Leaderboard 페이지나 Discussion 페이지를 살펴보면 머신러닝 분석 기법의 진화나 모델링 방식이 어떻게 변해 왔는지 또 그 때문에 분석 정확도가 얼마나 향상되었는지 잘 알 수 있습니다. 그래서 프라이빗 리더보드는 머신러닝 알고리즘의 역사를 공부할 때 유용합니다.

5장

캐글 마스터
지향하기

경진 대회 규칙 확인하기

지금까지는 캐글에 가입해 경진 대회 등에서 활동하는 기본 흐름을 살펴봤습니다. 이 장에서는 한발 더 나아가 캐글러 등급을 올리는 방법이나 실제 데이터 분석 작업에 캐글을 활용하는 방법 등을 소개합니다.

데이터 과학은 항상 새로운 기술을 배워 데이터를 분석하는 일이므로 어떤 기술 하나만 잘해서는 안 됩니다. 이 책에서 소개하는 정보는 캐글에 적응하는 첫걸음일 뿐입니다. 캐글 익스퍼트나 마스터[01]가 되고, 앞으로 더 나은 데이터 과학자가 되려면 여러분 스스로 다양한 기술을 습득해야 할 것입니다.

경진 대회마다 다른 규칙

캐글의 어떤 경진 대회든 상위에 입상하려면 대회 규칙을 자세히 파악하는 것이 무엇보다 중요합니다. 각 경진 대회의 규칙은 **Rules** 페이지에서 확인할 수 있습니다.

경진 대회의 데이터 세트를 다운로드하거나 분석 결과를 제출하기 전에는 규칙에 동의해야 합니다. 경진 대회 규칙은 경진 대회에 처음 참가하는 상황에 나타나는 대화 상자에서 동의하는데, Rules 페이지에 중요한 사항이 포함될 때가 꽤 있으니 그냥 습관적으로 동의하지 말고 규칙을 제대로 확인한 후 동의하기 바랍니다.

---

01 옮긴이: 해당 등급이 무엇인지는 2장을 참고하세요. Kaggle Progression System(https://www.kaggle.com/progression)을 참고해도 좋습니다.

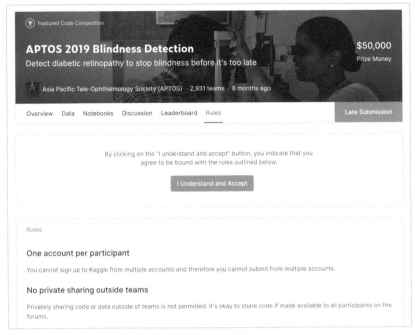

그림 5-1 Rules 페이지

평가 함수 다시 살펴보기

4장에서도 소개했지만 경진 대회에 제출한 분석 결과에 점수를 매기는 방법은 평가 함수의 정의에서 별도로 설명합니다. 경진 대회에 사용하는 평가 함수의 정의는 경진 대회 **Overview** 하위의 **Evaluation** 페이지에서 설명합니다.

평가 함수는 경진 대회 상위에 입상하기 위해서 반드시 확인해야 할 중요 요소입니다. 경진 대회에서 가장 좋은 평가를 받는 분석 결과를 내려면 간혹 현업에서 데이터 세트를 사용하는 방식을 무시하고 경진 대회에 최적화하는 방식으로 만들 필요도 있습니다.

평가 함수는 보통 4장에서 소개한 ROC-AUC를 적용해 통계학 기반으로 점수를 계산합니다. 물론 특수 함수를 사용할 때도 있습니다. 예를 들어 4장에서 소개한 Jigsaw Unintended Bias in Toxicity Classification 경진 대회는 편향Bias이 있는 데이터마다 서로 다른 ROC-AUC 점수를 계산해 가중치를 설정한 후 멱평균Power mean[02]을 계산해 최종 점수로 정하는 방법을 이용했습니다.

구체적으로 살펴보면 스팸 메시지인지 판단하는 클래스 분류 방법을 적용해 메시지 작성자의 그룹에 따라 분류 결과에 가중치를 줍니다. 직소Jigsaw[03]의 실제 업무인 부적절한 메시지의 필터링에 더욱 적합한 모델을 만드는 데 도움을 받으려는 것입니다. 예를 들어 LGBT(성소수자)가 언급한 '레즈비언'과 그렇지 않은 사람이 언급한 '레즈비언'은 평가 점수의 가중치가 다르게 설정됩니다.

이렇게 경진 대회의 점수를 올리려면 평가 함수를 고려해 학습을 최적화하는 것이 중요합니다. 상위에 입상한 캐글러의 노트북은 모두 평가 함수에 최적화하는 작업을 진행했습니다.

1일 점수 확인 횟수

본격적으로 점수를 올릴 때 염두에 두어야 하는 규칙은 리더보드 점수를 확인할 수 있는 1일 횟수입니다. 분석 결과 파일을 자주 제출해 리더보드 점수를 확인하면 테스트용 데이터의 특성을 추측할 수 있습니다. 극단적으로 데이터 하나씩 값을 바꿔 계속 결과를 제출하면서 리더보드 점수의 추이를 확인하다 보면 정답을 유추할 수 있죠. 이 때문에 보통 점수 확인 횟수에 제한을 둡니다.

---

02 옮긴이: 산술평균, 기하평균, 조화평균을 식 하나로 나타낼 수 있도록 일반화한 평균입니다. https://ko.wikipedia.org/wiki/멱평균 참고

03 옮긴이: https://jigsaw.google.com

따라서 팀을 구성해 경진 대회에 참가한다면 어느 시점에 결과를 제출해 리더보드 점수를 확인할지 등의 일정을 미리 정해야 합니다.

노트북 전용 경진 대회

캐글의 독특한 경진 대회 형식으로 **노트북 전용** 경진 대회가 있습니다(예전에는 '커널 전용Kernels Only 경진 대회'라고도 했습니다). 최근 들어 많이 열리는 대회이며, 이름 그대로 캐글의 노트북만 사용해 데이터 분석 결과를 만들고 제출해야 한다는 제한을 둡니다. 즉, 여러분의 로컬 컴퓨터에서 데이터를 분석해 csv 등의 제출 결과 데이터 파일을 업로드하지 못한다는 것입니다.

노트북 전용 경진 대회의 목적

주최자가 노트북 전용 경진 대회를 여는 이유에는 여러 가지가 있습니다. 그중 하나는 경진 대회에 참가한 캐글러가 어떤 솔루션을 고안했는지 확실히 파악할 수 있다는 점입니다.

보통 경진 대회의 규칙으로 상위에 입상한 캐글러만 자신의 솔루션을 공개하도록 정할 때가 많습니다. 이때 노트북 전용 경진 대회를 열면 강제로 캐글 노트북을 만들게 되므로 상위 입상자가 아닌 캐글러도 노트북을 공개할 확률이 더 높아집니다. 또한 경진 대회 주최자는 모든 참가자의 노트북을 확인할 수 있으므로 새로운 아이디어를 더 쉽게 파악할 수 있습니다.

단, 여러 캐글러가 부담 없이 경진 대회에 참가할 수 있도록 노트북을 비공개 상태로 유지해도 노트북 전용 경진 대회에 참가할 수 있다고 규칙을 정하는 편입니다.

또 다른 이유로는 캐글러 사이의 컴퓨터 연산 자원을 같은 수준으로 강제한다는 점이 있습니다. 최근의 캐글 경진 대회는 머신러닝 모델을 사용해 데이터를 분석합니다. 그런데 머신러닝 모델의 학습에는 방대한 연산 자원이 필요하므로 당연히 고성능의 연산 자원을 사용할 수 있는 사람이 유리합니다. 바꿔 말하면 많은 돈을 투자해 워크스테이션급 이상의 연산 자원을 이용하는 사람이 유리하다는 뜻이기도 합니다. 그러면 데이터 분석 능력 이외의 요소에서 순위가 결정될 수도 있으므로 경진 대회의 목적을 벗어납니다.

그래서 노트북 전용 경진 대회를 열고 공통 플랫폼(캐글 노트북)에서 연산된 프로그램만 경진 대회에 참가할 수 있도록 하는 것입니다.

노트북 전용 경진 대회 사례

노트북 전용 경진 대회는 캐글러에게 최종 점수를 계산하는 데이터를 공개하지 않은 상태로 진행할 때가 있습니다. 이 외에도 전형적인 경진 대회와는 다른 방식으로 진행하거나 데이터의 특성에 따라 드라마가 만들어지기도 합니다. 여기에서는 그러한 사례를 소개합니다.

메루카리 경진 대회 사례

일본에는 당근마켓과 비슷한 중고 거래 플랫폼인 메루카리라는 사이트가 있습니다. 이곳에서 주최한 Mercari Price Suggestion Challenge[04] 경진 대회는 경매에 출품한 상품 설명을 기반으로 해당 상품의 낙찰 가격을 알아내는 문제를 다룹니다. 낙찰 가격은 인터넷 사이트에 공개되므로 과거 로그를 찾으면 정답 가격을 알아낼 수 있습니다.

---

04 https://www.kaggle.com/c/mercari-price-suggestion-challenge

따라서 이 경진 대회는 제출 결과를 받았을 때 캐글러가 직접 검색해 알아낸 가격 데이터를 정답으로 사용했는지 확인해야 합니다. 그래서 메루카리는 노트북 전용(당시 명칭은 커널 전용) 방식으로 경진 대회를 개최했습니다. 참가한 캐글러에게는 학습용 데이터와 테스트용 데이터만 공개했고 최종 점수 확인용 데이터는 공개하지 않는다는 방침을 채택했습니다. 또한 경진 대회의 마감일이 지난 후, 제출된 노트북의 데이터를 바꾼 다음 재실행해 최종 점수를 계산했습니다. 이는 사실상 노트북의 알고리즘을 경진 대회의 제출 결과로 삼은 것입니다.

따라서 경진 대회의 리더보드는 단계 1과 2로 나눌 수 있습니다. 경진 대회 마감 전 공개 데이터 세트를 사용했을 때는 단계 1 리더보드, 마감 후 비공개 데이터 세트를 사용했을 때는 단계 2 리더보드로 구분합니다.

단계 1 리더보드에서 발생한 특이 사항

경진 대회의 규칙은 별다른 문제가 없었지만 경쟁이라는 측면에서 재미 있는 사건이 일어났습니다. 대회 막바지에 qixiang109라는 캐글러가 갑자기 상위 1%에 해당하는 분석 결과 csv 파일을 공개한 것입니다. 결과 데이터는 단계 1 데이터 세트에 대응했고, 그 결과를 도출한 알고리즘이나 노트북은 공개하지 않았습니다. 그럼 해당 결과는 고성능의 연산 자원을 활용할 수 있는 로컬 컴퓨터로 작성된 것일지도 모르므로 올바른 것으로 인정할 수 없습니다.

그런데도 많은 캐글러가 해당 파일을 자신의 데이터 세트로 업로드해 노트북에서 불러온 후 그대로 출력하는 방식으로 단계 1의 제출 결과로 등록합니다. 경진 대회의 리더보드에 점수가 같은 캐글러가 가득한 특이 상황이 발생한 것입니다. 그 당시 토론이 진행된 게시물[05]이 있습니다. 그림 5-2입니다.

---

05 https://www.kaggle.com/c/mercari-price-suggestion-challenge/discussion/47519#latest-269054

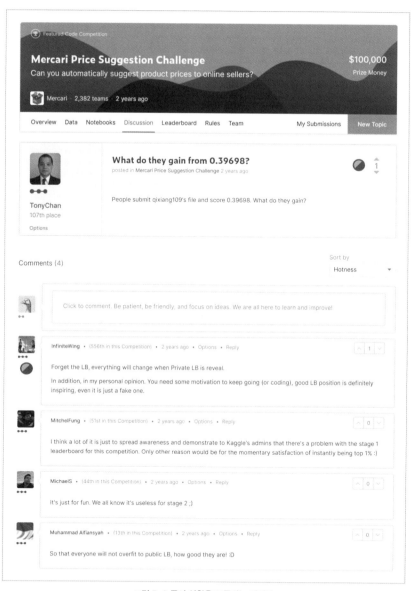

그림 5-2 특이 상황을 토론하는 게시물

> Q: 모두 qixiang109가 제출한 파일을 그대로 제출해서 점수가 0.39698입니다. 이
>   사람들은 무엇을 하고 싶은 것일까요?
>
> A1: (지금의) 리더보드는 잊어버리세요. (마감 후) 프라이빗 리더보드가 나오면 모든
>   결과가 바뀔 겁니다. 이런 상황이 벌어지는 이유는 경쟁 심리 때문이라고 생각합
>   니다. 리더보드 상위에 오르면 설령 가짜 결과라도 만족감을 얻습니다.
>
> A2: 단계 1 리더보드에 문제가 있음을 관리자에게 알리려는 목적도 있습니다. 그리고
>   잠깐이지만 상위 1%에 입상하는 만족감을 느끼고 싶은 것이기도 합니다. 그냥 재
>   미를 느낄 뿐입니다. 단계 2에서는 쓸모없다는 것을 모두 압니다.
>
> A3: (지금의) 리더보드는 신경 쓰지 맙시다.

게시물에서는 현재 시점의 리더보드 순위는 무시하라는 의견과 똑같은 점수로
상위 1%가 된 캐글러의 최종 순위가 그대로 유지되지는 않을 것이라는 의견이
나왔습니다. 하지만 메루카리 경진 대회를 개최할 당시에는 아직 노트북 전용
경진 대회가 흔하지 않았습니다. 그래서 크게 당황한 캐글러도 더러 있었습니
다.

물론 이러한 노트북은 실제로 단계 2 리더보드에 반영하지 않았으므로 최종 경
진 대회 결과에 아무런 영향을 미치지 못했습니다. 그러나 경진 대회 진행 중
에 어떤 '자극'을 준 건 분명합니다.

노트북 전용 경진 대회의 특별 규칙

앞 예처럼 노트북 전용 경진 대회라도 로컬 컴퓨터에서 원하는 만큼 전처리한
데이터를 직접 업로드해 외부 데이터 세트처럼 사용할 수 있습니다. 그래서 노
트북 전용 경진 대회는 외부 데이터 세트나 인터넷 접속을 제한하는 규칙이 있
습니다.

외부 데이터 세트를 다루는 방법

노트북 전용 경진 대회에서 통상적으로 외부 데이터 세트를 사용하는 방법은 신경망 등으로 학습이 끝난 모델을 데이터 세트로 업로드한 후 노트북에서 불러와 사용하는 것입니다. 머신러닝 모델을 만들 때는 고성능의 학습용 연산 자원이 필요하지만 학습을 완료한 모델을 실행하는 데는 그만큼의 연산 자원이 필요 없기 때문입니다.

따라서 고성능의 연산 자원을 활용해 학습한 모델을 노트북에 불러와 이용할 수 있다면 최종 점수를 계산하는 데이터가 공개되지 않더라도 노트북 안에서 학습하는 것보다 좋은 결과를 얻습니다.

단, 이런 방법을 인정하면 어떤 캐글러든 같은 연산 자원을 사용해야 한다는 목적과 어긋나므로 학습이 끝난 모델의 이용 방법은 경진 대회마다 서로 다른 규칙을 정합니다.

규칙을 정하는 데는 다양한 패턴이 있습니다. 아예 학습한 모델 사용을 막을 때도 있고, 일부 사용법에 제한을 두면서 허가할 때도 있습니다. 물론 전면적으로 인정할 때도 있습니다.

예를 들어 APTOS 2019 Blindness Detection[06]은 망막 이미지에서 당뇨병 환자인지 판단하는 이미지 인식 경진 대회였습니다. 이미지 인식용 머신러닝 모델은 보통 합성곱 신경망을 이용하므로 모든 사람이 합성곱 신경망을 사용할 것으로 가정해 제한을 두지 않았습니다.

---

06 https://www.kaggle.com/c/aptos2019-blindness-detection

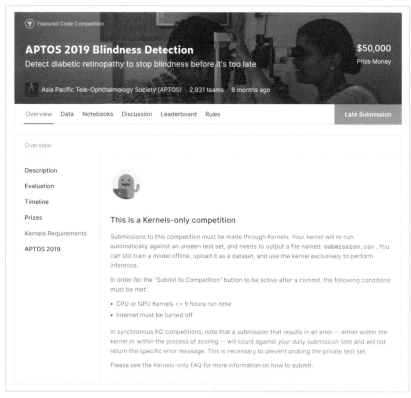

그림 5-3 APTOS 2019 Blindness Detection 경진 대회의 제한 조건

그림 5-3 내용을 요약하면 학습시킨 모델을 외부 데이터 세트로 이용할 수 있고, 로컬 컴퓨터에서 학습시킨 모델을 업로드해도 괜찮다는 것입니다. 또한 노트북(당시 이름은 커널)의 CPU 혹은 GPU를 9시간 실행할 수 있어 노트북만으로 충분히 학습할 수 있는 연산 자원을 제공합니다.

같은 시기에 열린 Severstal: Steel Defect Detection[07]도 이미지 인식 경진 대회이며 학습한 모델을 외부 데이터 세트로 사용하는 것을 허용했습니다.

그림 5-4 Severstal: Steel Defect Detection 경진 대회의 제한 조건

그런데 캐글 노트북의 CPU 혹은 GPU 실행 시간이 1시간이므로 노트북에서 학습하는 것은 비현실적입니다. 그래서 로컬 컴퓨터에서 학습한 모델을 업로드해 사용하는 것을 전제로 합니다.

---

07 https://www.kaggle.com/c/severstal-steel-defect-detection/overview/kernels-requirements

그 밖에 4장에서 소개한 Jigsaw Unintended Bias in Toxicity Classification 경진 대회는 미리 학습시킨 모델을 이용할 수는 있지만 최종 제출 결과에서 사용한 모델을 경진 대회 마감일 1주일 전에 공개해야 하고, 경진 대회 **Discussion** 페이지의 게시물로 사용법 등을 보고해야 한다는 제한 조건이 있었습니다.

이러한 제한 조건을 둔 것은 BERT 모델을 사용한다고 가정하기 때문입니다. BERT는 먼저 대량의 일반 문장으로 학습한 모델을 만든 후 특정한 목적에 맞게 추가로 학습을 진행합니다. 그리고 처음 일반 문장을 학습할 때는 고성능의 연산 자원이 필요하지만 이후의 추가 학습에는 해당 연산 자원을 유지할 필요가 없다는 특징이 있습니다. 그러므로 이 경진 대회에서는 미리 학습시킨 BERT 모델의 사용을 허가하지만 구체적인 사용법을 공개해 최대한 객관성을 유지합니다.

참고로 직소는 구글이 속한 알파벳의 자회사 중 하나고 BERT를 만든 사람은 구글 연구원입니다. 따라서 제한 조건은 대회에 참가한 캐글러가 BERT 모델을 이용하도록 유도하는 규칙이 아닐까 추측해봅니다. 즉, 노트북 전용 등의 경진 대회 제한 조건은 당시에 이용할 것으로 예상하는 기술을 적극적으로 사용하도록 유도할 때가 많습니다.

데이터를 잘 이해해야 하는 이유

데이터 과학자의 본래 역할은 머신러닝 모델을 만들고 학습시키는 것만이 아닙니다. 데이터를 분석해 올바른 지식을 이끌어내는 것이 굉장히 중요합니다. 캐글 경진 대회 역시 점수를 올려 입상하려면 무엇보다 주어진 데이터를 잘 이해해야 합니다.

경진 대회 노트북 자주 분석하기

경진 대회의 데이터를 잘 이해하려면 무엇을 해야 할까요? 캐글은 경진 대회의 종류에 따라 단순 행렬이 아닌 테이블, 이미지, 음성 같은 다양한 데이터를 사용합니다.

이러한 데이터를 어떠한 정형화된 방법으로 분석해 의미 있는 정보를 얻는 방법은 거의 없습니다. 즉, 스스로 다양한 관점으로 데이터를 분석하면서 경험과 실력을 쌓아 솔루션을 찾아야 합니다. 이때 경진 대회에 공개된 데이터 분석 노트북을 자주 살펴보면서 여러 가지 방법을 익히다 보면 경험과 실력을 빠르게 쌓을 수 있습니다.

Santander Value Prediction Challenge 사례 살펴보기

저자는 왜 데이터를 잘 이해해야 하는지 설명할 때 Santander Value Prediction Challenge[08] 경진 대회를 예로 듭니다. 데이터를 다양한 각도에서 바라보면서 어떤 정보를 찾은 노트북이 많이 공개되었기 때문입니다.

---

08 https://www.kaggle.com/c/santander-value-prediction-challenge

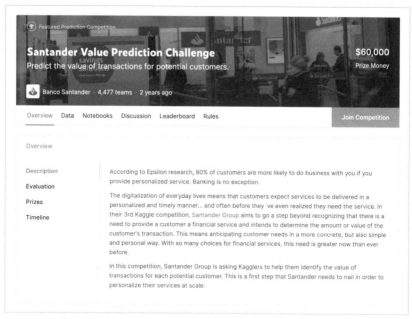

그림 5-5 Santander Value Prediction Challenge 경진 대회

그중 하나인 Breaking Bank - Santander EDA[09]라는 노트북은 경진 대회 데이터를 통계적으로 분석합니다. 데이터의 분포와 실제 데이터의 익명화에 사용했던 기법을 보기 쉽게 시각화해줍니다.

09 https://www.kaggle.com/headsortails/breaking-bank-santander-eda

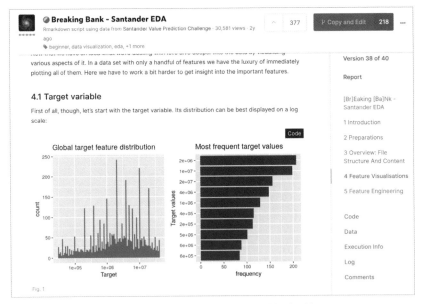

그림 5-6 Breaking Bank – Santander EDA 노트북

지금부터는 이 경진 대회의 데이터를 분석하면서 점수를 크게 올린 노트북이 등장할 수 있었던 과정을 소개합니다.

경진 대회의 데이터 살펴보기

Santander Value Prediction Challenge 경진 대회는 스페인 산탄데르 은행(Banco Santander[10])이 주최했습니다. 고객의 금융 거래 가치를 예측하는 문제입니다.

은행 고객의 거래 정보는 기밀이므로 경진 대회에 제공된 데이터는 전부 익명 처리했습니다. 데이터의 형식이나 값도 실제 데이터가 아니며, 금융 거래 정보 를 알 수 없도록 변형했습니다. 그 결과로 공개한 데이터 세트는 일반적인 행

---

10 옮긴이: 스페인 칸타브리아 지방 산탄데르의 지방 은행으로 시작해 2011년 시가 총액 기준 스페 인 최고의 은행이라고 평가받았습니다. https://ko.wikipedia.org/wiki/산탄데르_은행 참고

렬 형태의 csv 파일이었습니다. 단, 데이터의 수(csv 파일의 행 수)와 비교해 데이터의 차원 수(csv 파일의 열 수)가 더 많다는 특징이 있습니다.

따라서 경진 대회의 초기 주제는 모델을 학습시킬 때 다수의 열 데이터를 어떻게 다룰 것인지였습니다. 즉, 경진 대회가 열리자마자 공개된 베이스라인 노트북은 차원 압축에 앙상블 학습 알고리즘을 조합하는 방법이 주류였습니다.

저자가 만든 CatBoost, StackedAE with MXNet, Meta [1.40LB][11] 라는 노트북도 그중 하나입니다. 많은 열을 차원 압축으로 줄이고, 데이터의 불필요한 정보는 머신러닝을 사용해 없앴습니다.

그림 5-7 CatBoost, StackedAE with MXNet, Meta [1.40LB] 노트북

---

11 https://www.kaggle.com/tanreinama/catboost-stackedae-with-mxnet-meta-1-40lb

더미 데이터 발견

경진 대회가 진행되면서 데이터를 자세하게 살펴본 캐글러가 산탄데르 은행이 제공한 데이터 세트의 다양한 특징을 분석했습니다(참고로 데이터 세트의 특징은 공개 노트북뿐만 아니라 Discussion 페이지의 게시물로도 등록되어 활발히 논의된 주제이기도 합니다). 그중 산탄데르 은행이 데이터를 익명화한 사고방식을 모방해 데이터의 특징을 설명하려는 캐글러가 나타났습니다.

데이터 세트의 특징을 토론한 흔적은 64% fake rows in test dataset[12]라는 게시물 등에 남아 있습니다. 해당 게시물에서는 64%의 특정 열을 삭제한 상태에서 머신러닝 모델의 학습을 진행해도 점수가 변하지 않는다는 사실을 분석했습니다.

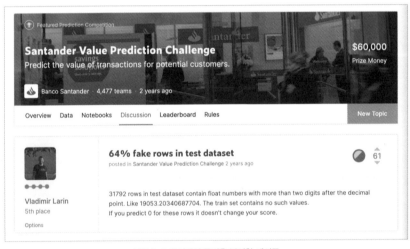

그림 5-8 데이터의 특징을 분석한 게시물

---

12 https://www.kaggle.com/c/santander-value-prediction-challenge/discussion/61288

이 게시물 덕분에 산탄데르 은행이 데이터를 작성할 때 노이즈인 더미 데이터를 일부러 섞어서 머신러닝 모델 구축을 어렵게 한다는 점을 알게 되었습니다.

Santander_46_features[13]라는 공개 노트북은 이 사실을 뒷받침합니다. 경진 대회에서 사용하는 csv 파일 기반 데이터 중 불과 46열만 의미 있는 데이터고, 나머지 열을 모두 삭제해도 결과에는 영향을 미치지 않는다는 것을 알렸습니다.

그림 5-9 Santander_46_features 노트북

---

13 https://www.kaggle.com/ogrellier/santander-46-features

종속 변수 데이터 누설

그 이후 경진 대회는 산탄데르 은행이 제공한 데이터를 자세히 분석해 그 특성을 활용해 나가는 방향으로 진행되었습니다. 그중에서 주목할 점은 여러 명의 캐글러가 데이터(정확하게는 종속 변수) 누설Data leak이 있다는 사실을 발견한 것입니다.

캐글의 'leak(누설)'는 머신러닝 모델의 학습에 사용할 데이터 안에 종속 변수를 직접 추측할 수 있는 정보(또는 데이터)가 포함되었다는 것을 뜻합니다. 머신러닝 모델을 학습시키는 데이터에 누설된 부분이 있다면 과적합Overfitting에 쉽게 빠집니다.

예를 들어 머신러닝 모델로 도출한 결과에 종속 변수 같은 누설된 데이터를 추가하면 약 2배 가까이 점수가 오를 때도 있습니다. 이러면 당연히 누설된 종속 변수를 조합해야 대회의 상위에 오르므로 정당한 경진 대회라고 볼 수 없는 상황이 됩니다. 또한 경진 대회의 데이터에 누설된 부분이 있다면 정답을 직접 추측할 수도 있습니다. 이는 수학 시험 문제의 답이 교실 칠판에 공개되어 문제를 풀지 않고도 정답을 맞출 수 있는 상황과 같습니다.

Santander Value Prediction Challenge 경진 대회의 종속 변수 누설은 Discussion 페이지와 Breaking LB — Fresh start[14]라는 노트북에서 설명합니다. 특히 노트북을 살펴보면 실제 코드와 실행 결과로 종속 변수가 누설된 영향을 가늠할 수 있습니다.

---

14 https://www.kaggle.com/tezdhar/breaking-lb-fresh-start

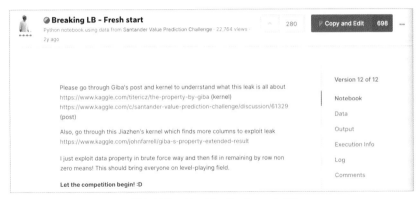

그림 5–10 Breaking LB – Fresh start 노트북

경진 대회의 데이터에 포함된 종속 변수의 누설은 한꺼번에 전부 발견되지 않았지만 한번 누설된 데이터가 있다고 알려지면 많은 캐글러가 데이터를 자세히 분석해 누설된 부분을 찾아냅니다.

경진 대회의 Discussion 페이지나 공개 노트북을 전혀 참고하지 않고 혼자 힘으로 경진 대회에 참가하는 것이 얼마나 어려운 일인지 알 수 있는 부분입니다.

경진 대회의 공정함을 유지하려는 캐글러의 노력

Discussion 페이지의 게시물을 날짜별로 정렬해 당시 상황을 되짚어보면 종속 변수 누설이 보고되었을 때 경진 대회에 참가한 캐글러가 매우 동요했다는 사실을 알 수 있습니다.

What is Leaked Data?[15]라는 게시물처럼 "데이터 누설이 무엇입니까?"라고 질문하거나 Is it still a competition?[16] 게시물처럼 "아직도 경진 대회를 계속할 생각인가?"라며 경진 대회의 공정성 논쟁까지 벌어졌습니다.

---

15 https://www.kaggle.com/c/santander-value-prediction-challenge/discussion/62101
16 https://www.kaggle.com/c/santander-value-prediction-challenge/discussion/61501

특히 Is it still a competition? 게시물에서는 종속 변수 누설 발견으로 머신러닝을 이용하는 경진 대회라는 성격을 유지할 수 있는지 토론하기도 했습니다. 베테랑 캐글러에게도 이러한 데이터 누설은 특이 상황임을 알 수 있습니다.

경진 대회 Discussion 페이지에서 **Most Votes**로 게시물을 정렬한 후 살펴보면 상당수가 그림 5-11과 같은 데이터 누설 관련 이야기입니다. 이 경진 대회에서 데이터 누설의 발견이 얼마나 큰 사건이었는지 알 수 있습니다.

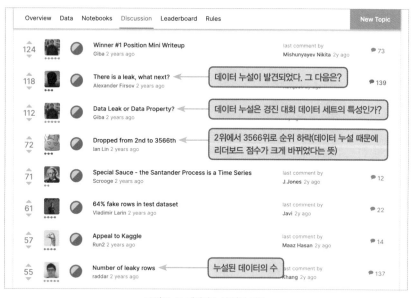

그림 5-11 데이터 누설 관련 토론

이러한 토론에도 결국 경진 대회는 기존 방식을 유지한 상태로 진행되었고, 종속 변수 누설을 포함해 각종 특이 상황을 해결한 캐글러의 노력에 따라 순위가 결정되었습니다.

어떤 면에서 이 경진 대회가 끝까지 진행될 수 있었던 이유는 종속 변수 누설이 있음을 발견한 캐글러가 이를 밝혀 토론했기 때문입니다. 만약 종속 변수 누설이 보고되지 않은 채로 경진 대회가 진행되었다면 머신러닝 모델을 만들어 결과를 제출하는 캐글러가 따라잡을 수 없는 절망적인 점수 차이가 생겼을 것입니다. 즉, 공개 토론으로 종속 변수 누설이 알려졌기에 캐글러들은 이 경진 대회의 주된 경쟁이 데이터를 자세히 분석해 데이터 누설을 발견하는 것임을 깨달을 수 있었습니다.

골프 같은 스포츠는 룰 북rule book의 조항 이외에도 참가자들이 지켜야 할 매너 같은 암묵적인 규칙이 존재합니다. 이 경진 대회의 데이터 누설을 알리는 예도 경진 대회 진행을 크게 망칠 수 있는 정보를 최대한 공유하는 캐글러 사이의 매너에 따르는 것으로 생각합니다. 캐글 경진 대회는 이렇게 캐글러의 양심을 믿고 진행하는 부분이 있습니다.

종료한 경진 대회에서 기술 흐름 살펴보기

캐글은 원래 데이터 과학자가 최신 기술 기반으로 경쟁하며 머신러닝을 더 많이 경험하라는 목적으로 만들어졌습니다. 여기에서는 최신 기술을 습득하고 데이터 과학자나 머신러닝 엔지니어가 효율적으로 실력을 키우는 방법을 소개합니다. 이는 저자가 캐글을 직접 경험하면서 파악한 것이기도 합니다.

기술 흐름 살펴보기

캐글의 특징 중 하나로 오래전에 종료한 경진 대회의 Discussion 및 Notebooks 페이지에 게시물과 공개 노트북 정보를 그대로 남긴다는 점이 있습니다. 덕분에 해당 경진 대회 시점에는 어떤 인기 있는 기술을 어떤 방식으로 적용했는지 살펴볼 수 있습니다. 특히 같은 주제를 다루는 경진 대회를 시간순으로 살펴보면 해당 주제의 기술이 어떻게 발전했는지 체계적으로 알 수 있습니다.

예를 들어보겠습니다. 2018년부터 2019년까지는 자연어 처리 기술이 크게 발전한 기간이었습니다. 해당 기간에 열린 경진 대회를 소개합니다.

표 5-1 자연어 처리 기술 관련 경진 대회

경진 대회	기술
Mercari Price Suggestion Challenge(2018년 2월)	TF-IDF 벡터 + 전결합층 신경망 ※ 각 단어의 출현 빈도를 신경망으로 학습 https://www.kaggle.com/c/mercari-price-suggestion-challenge/discussion/50256
Toxic Comment Classification Challenge(2018년 3월)	FastText, Glove + GRU + LightGBM ※ 단어 벡터 사전을 시계열 데이터로 학습해 조합함 https://www.kaggle.com/c/jigsaw-toxic-comment-classification-challenge/discussion/52557

경진 대회	기술
Avito Demand Prediction Challenge(2018년 6월) Featured Prediction Competition **Avito Demand Prediction Challenge** Predict demand for an online classified ad Avito · 1,871 teams · 2 years ago	FastText + LSTM + 2D-CNN ※ 문장의 데이터와 이미지를 신경망으로 동시에 학습 https://www.kaggle.com/c/avito-demand-prediction/discussion/59880
Quora Insincere Questions Classification(2019년 1월) Featured Code Competition **Quora Insincere Questions Classification** Detect toxic content to improve online conversations Quora · 4,037 teams · a year ago	Glove, para + OOV Token + LSTM + 1D-CNN ※ 어휘 이외의 단어를 OOV 토큰으로 학습 https://www.kaggle.com/c/quora-insincere-questions-classification/discussion/80568
Jigsaw Unintended Bias in Toxicity Classification (2019년 6월) Featured Code Competition **Jigsaw Unintended Bias in Toxicity Classification** Detect toxicity across a diverse range of conversations Jigsaw/Conversation AI · 3,165 teams · 10 months ago	BERT + XLNet + GPT2 ※ BERT 모델이 캐글에 등장 https://www.kaggle.com/c/jigsaw-unintended-bias-in-toxicity-classification/discussion/103280

표 5-1에서 소개하는 경진 대회들은 연산 능력이 제한된 노트북 전용이거나 사전에 학습시킨 모델을 사용하는 등 규칙이 서로 다르므로 직접 비교할 필요는 없습니다. 캐글 주소는 당시 우승자의 솔루션을 소개한 Discussion 페이지의 게시물입니다.

그럼 우승자의 솔루션과 기술의 발전 순서로 흐름을 살펴보겠습니다. 먼저 다룰 것은 2018년 2월에 열린 Mercari Price Suggestion Challenge 경진 대회입니다. 우승자는 문장의 TF-IDF(Term Frequency - Inverse Document Frequency) 벡터와 전결합층 신경망을 결합하는 고전적인 방식을 선택했습니다. 경진 대회의 규칙은 노트북 전용이었고, 캐글 노트북의 성능이 상당히 낮았으므로 이러한 기술을 선택하는 것이 일반적이었습니다(현재는 성능이 더 좋은 노트북을 사용한 솔루션이 프라이빗 리더보드에 게시되어 있습니다).

다음으로 2018년 3월에 열린 Toxic Comment Classification Challenge와 2018년 6월에 열린 Avito Demand Prediction Challenge 경진 대회를 살펴보면 좋습니다. 두 대회는 2016년에 발표한 Word2Vec으로 문제를 해결합니다. 이 기술은 자연어 처리의 어려움을 해결하는 돌파구이기도 했습니다. 구체적으로는 Word2Vec에서 파생된 FastText 등의 단어 벡터 사전을 임베딩Embedding층에 적용한 후 순환 신경망Recurrent Neural Network, RNN으로 학습시키는 방법을 사용했습니다.

그 후 순환 신경망 모델로 GRU 대신 LSTM을 주로 사용하면서 자연어 처리의 기술 선택 흐름은 합성곱 신경망이나 미등록 단어Out of Vocabulary, OOV 토큰 사용 등으로 바뀝니다. 이는 2019년 1월에 열린 Quora Insincere Questions Classification 경진 대회를 살펴보면 확인할 수 있습니다.

또한 2019년에는 BERT, XLNet, GPT2 등의 새로운 기술이 등장해 자연어 처리 기술이 과거와 비교할 수 없을 정도로 발전했습니다. 캐글에서 BERT 등의 새로운 기술이 처음 등장한 것은 2019년 6월에 열린 Jigsaw Unintended Bias in Toxicity Classification 경진 대회입니다. 이 경진 대회의 공개 노트북을 기준으로 보면 LSTM과 BERT 모델이 경쟁하는 형태로 경진 대회가 진행되었습니다. 최종 우승자의 솔루션에는 LSTM을 사용하지 않고 BERT, XLNet, GPT2라는 최신 기술을 조합해 사용했습니다.

지금까지의 과정에서 TF-IDF 벡터와 LSTM을 이용한 자연어 처리는 점점 이전 기술이 되어가고 있다는 것을 알 수 있습니다. 그리고 기술 발전이 거의 1년 반 정도 만에 이뤄졌다는 것도 알 수 있습니다. 이렇게 기술 발전의 흐름을 살펴볼 수 있는 것이 캐글 경진 대회의 장점입니다.

입상한 솔루션 한 번에 살펴보기

경진 대회에 입상한 솔루션을 주제별로 정리해 깃허브에 공개하는 사람이 있습니다. 그중 하나로 interviewBubble이라는 깃허브 사용자가 만든 Data-Science-Competitions 저장소[17]가 있습니다.

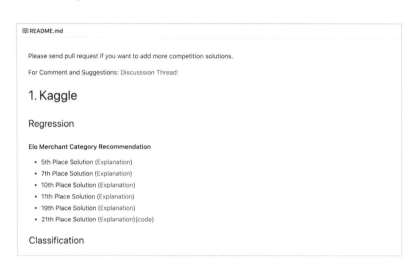

그림 5-12 Data-Science-Competitions 저장소

이전 경진 대회의 기록을 하나씩 찾아서 살펴보는 것이 번거롭다면 이러한 저장소 등을 살펴볼 것을 권합니다. 단, 경진 대회에서 입상한 솔루션은 대회 당시의 기술 기반이므로 현재 더 나은 기술이 등장했는지 확인해봐야 합니다.

경진 대회 대부분은 종료 후에도 **Private Leaderboard** 페이지에 최신 기술을 적용한 솔루션이 계속 공개됩니다. 입상한 솔루션만 고집하지 말고 경진 대회의 Discussion 페이지나 현재 진행 중인 경진 대회를 계속 살펴보면서 유용한 최신 기술에는 무엇이 있는지 항상 생각하기 바랍니다.

---

17 https://github.com/interviewBubble/Data-Science-Competitions

머신러닝 모델의 튜닝 방법 살펴보기

캐글 경진 대회에 참가하는 기본 목적은 당연히 높은 점수를 올려 상위권에 입상하는 것입니다. 그러려면 최신 기술을 배우는 것뿐만 아니라 머신러닝 모델을 효율적으로 구축하는 경험과 해박한 지식이 필요합니다. 또한 모델의 세부 사항을 튜닝할 수 있어야 합니다.

머신러닝 모델의 성능을 높이는 방법은 방대하므로 다양한 머신러닝 자료를 참고하기 바랍니다. 여기에서는 캐글에서 참고할 수 있는 예를 소개합니다.

파라미터 행렬 만들기

지금까지 여러 번 설명했듯이 캐글에는 초보자도 부담 없이 모르는 것을 질문하고 답을 얻는 **Discuss** 혹은 경진 대회의 Discussion 페이지가 있습니다. 머신러닝 초보자는 이곳에서 머신러닝 모델을 어떻게 튜닝하면 좋을지 답을 얻을 수 있습니다.

사례 하나로 Santander Customer Transaction Prediction이라는 경진 대회[18] Discussion 페이지의 게시물[19]을 살펴보겠습니다. 여기에서는 LightGBM이라는 앙상블 학습 모델의 알고리즘 튜닝 방법을 묻습니다. 모델을 튜닝할 때 LightGBM의 파라미터를 어떻게 선택하는지, 공개된 베이스라인 노트북에 cv: 0.9를 적용해도 되는지를 물었습니다.

---

18 https://www.kaggle.com/c/santander-customer-transaction-prediction
19 https://www.kaggle.com/c/santander-customer-transaction-prediction/
     discussion/82319

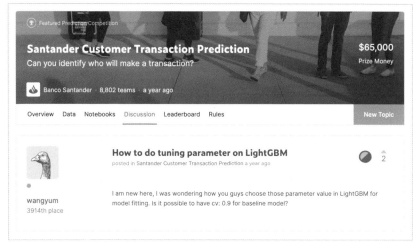

그림 5-13 LightGBM의 파라미터 튜닝 방법 질문

물론 경진 대회는 서로 경쟁하는 성격이 있으므로 질문했을 때 상위에 입상할
수 있는 노하우를 그대로 알려주지 않습니다. 그러나 일반적인 튜닝 방법이나
기본적인 방향성은 친절한 캐글러가 알려주는 편입니다. 앞 질문에서는 다음
과 같은 답을 얻었습니다.

- 파이썬에서 사용하는 optuna 프레임워크로 자동 튜닝해보세요
- 사이킷런의 GridSearchCV 클래스를 함께 사용해 해결해보세요
- 그리드 탐색, 랜덤 탐색, 가우스 최적화를 직접 구현해보세요
- fayzur라는 캐글러가 공개한 노트북[20]을 참고해보세요

이러한 답은 학습 파라미터의 행렬을 만든 후 가장 좋은 교차검증 점수가 나오
는 것을 사용하면 된다고 정리할 수 있습니다. 또한 학습 파라미터의 행렬을

---

20 옮긴이: https://www.kaggle.com/fayzur/lgb-bayesian-parameters-finding-rank-
average

파이썬 리스트로 만들면 메모리가 부족할 수 있으므로 머신러닝 모델 튜닝용으로 만든 라이브러리나 프레임워크를 사용하면 좋다는 사실을 알 수 있습니다.

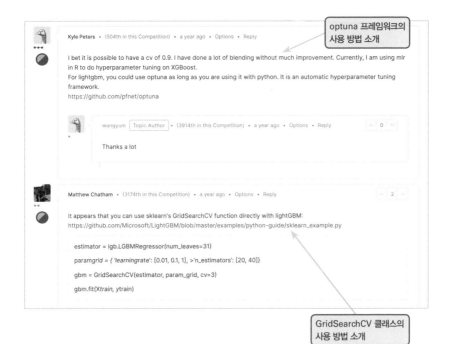

그림 5-14 파라미터 행렬을 테스트하는 방법 소개

그림 5-14 답변에서는 파이썬의 optuna 프레임워크[21]를 소개하고 사이킷런의 GridSearchCV 클래스[22] 사용 방법 등을 설명합니다.

물론 답변에서 제시한 방법은 다른 머신러닝 자료에서도 알 수 있는 것이지만 캐글 안에서 질문해도 답을 얻는 분위기는 장점이라고 생각합니다.

---

21 https://github.com/pfnet/optuna
22 https://scikit-learn.org/stable/modules/generated/sklearn.model_selection.
   GridSearchCV.html

알고리즘에 적합한 튜닝하기

머신러닝 모델에 따라 해당 알고리즘에 적합한 튜닝 방법이 다릅니다. 그저 무턱대고 파라미터의 행렬을 만들어 테스트하는 것이 아닙니다.

사실 앞에서 소개한 LightGBM의 파라미터 튜닝 방법은 LightGBM 공식 문서 'Parameters Tuning[23]'에서 설명합니다. 이를 읽어보는 것이 기본 방법일 것입니다.

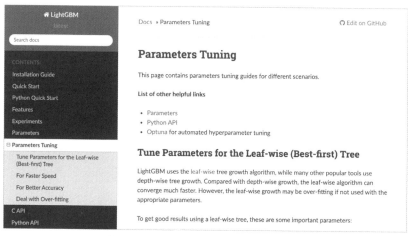

그림 5-15 LightGBM의 공식 문서에서 설명하는 튜닝 방법

물론 게으른 방법(?)이지만 캐글에서 직접 아이디어를 얻으려고 게시물을 남기는 캐글러도 있습니다. 이러한 사례로 How to Tuning XGboost in an efficient way[24]라는 게시물이 있습니다. 경진 대회의 Discussion 페이지가 아니라 일반적인 주제를 다루는 **Forum**에서 XGBoost라는 앙상블 학습 알고리즘의 효율적 튜닝 방법을 물어봤습니다.

---

23 https://lightgbm.readthedocs.io/en/latest/Parameters-Tuning.html
24 https://www.kaggle.com/general/17120

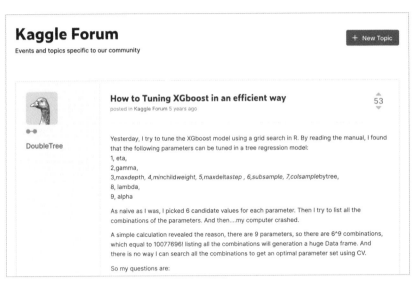

그림 5-16 XGBoost의 튜닝 방법을 묻는 게시물

이 게시물에서는 특정 파라미터가 무엇인지 설명하고 XGBoost의 튜닝 방법을 자세히 설명한 블로그 주소를 소개하는 등 LightGBM 공식 문서의 튜닝 방법보다 상세한 정보를 알 수 있습니다.

다시 한번 강조하지만 이렇게 주저하지 말고 모르는 것을 질문하는 것이 캐글을 제대로 활용하는 방법입니다.

Section 15 캐글 데이터 세트와 API 활용하기

공개 데이터 세트 활용하기

지금까지는 경진 대회 사례를 중심으로 캐글을 소개했습니다. 그런데 캐글을 활용하는 방법은 경진 대회에 참가하는 것만이 아닙니다.

이번에는 캐글에 포함된 데이터 세트와 API를 사용해 플랫폼 관점에서 캐글을 활용하는 방법을 소개합니다.

연구용 데이터 세트 활용하기

머신러닝 알고리즘은 정확도와 상관없이 어떤 데이터를 학습하면 어떠한 결과를 얻는다는 특징이 있습니다. 즉, 머신러닝 알고리즘을 만들거나 알고리즘의 동작을 확인할 때는 단순히 동작한다는 것만으로 알고리즘을 평가할 수 없습니다.

그래서 일반적인 알고리즘을 연구할 때는 먼저 널리 공개된 데이터 세트를 사용해 알고리즘의 성능을 테스트하는 것이 좋습니다.

이때 사용하는 데이터 세트는 연구하려는 목적으로 만든 것이므로 대학 등의 학술 기관이 소유할 때가 많습니다.

예를 들어 캘리포니아 대학교 어바인의 UCI 머신러닝 저장소가 유명합니다. 학술 논문 등에서도 자주 이용하는 다양한 데이터 세트가 준비되어 있습니다.

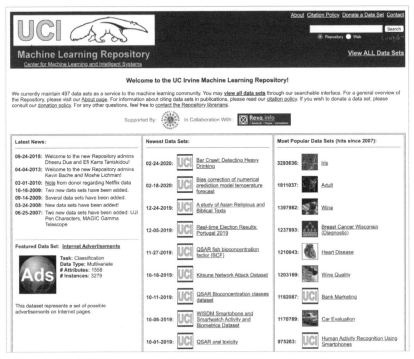

그림 5-17 UCI 머신러닝 저장소

최근에는 빅데이터 분석 등 비즈니스 목적으로 머신러닝을 활용하는 사례가 늘었고, 사용하는 데이터 세트의 용량도 점점 커지고 있습니다. 그런데 데이터 세트의 용량이 커지면 스토리지 용량 등의 문제 때문에 예산이 한정된 대학의 공개 저장소에만 의지하기는 어렵습니다.

한편 비즈니스용으로 만든 데이터 세트는 공개했더라도 완전히 자유롭게 사용할 수 있는 데이터가 아닌 상황이 많습니다. 보통 특정 라이선스를 부여해 사용하는 데 제한이 있습니다. 혹은 데이터 세트를 만들려고 수집하는 데이터의 라이선스 제한 때문에 대학 등의 교육 기관에서 공개하기에는 적합하지 않은 상황도 있습니다.

이러한 데이터 세트의 예는 이미지넷 같은 개별 사이트에 공개할 때가 많습니다. 최근에는 캐글의 데이터 세트로 업로드해 공개하는 사례도 증가하고 있습니다.

데이터 저장소로 사용하기

개인이 데이터 세트를 이용할 때 지금까지는 깃허브 저장소 등을 주로 이용하는 편이었습니다. 그런데 캐글의 데이터 세트 저장소 역시 깃허브와 같은 개념으로 사용할 수 있습니다. 아마존 웹 서비스Amazon Web Service, AWS의 S3 스토리지 등과 비교했을 때 무료로 이용할 수 있다는 이점도 있습니다.

여러분이 만든 데이터 세트를 캐글의 데이터 세트 저장소에 업로드한 후 활용하면 전용 스토리지와 서버를 준비하지 않아도 됩니다. 또한 다른 캐글러에게 내 데이터 세트에 관한 의견을 들을 수도 있고, 캐글 노트북과 연결해 직접 분석 프로그램을 실행할 수도 있다는 장점이 있습니다.

데이터 세트에서 사용하는 파일 알아보기

캐글 데이터 세트에서 사용 가능한 데이터 형식은 캐글 공식 문서 Datasets[25]에서 알 수 있습니다. 보통 파일 형태로 저장한 데이터입니다.

또한 3장에서 소개한 구글 빅쿼리를 사용하면 구글 클라우드 플랫폼과 연결된 데이터 세트를 만들 수 있습니다. 빅쿼리를 사용하면 데이터 세트의 용량 제한이 없어지고 30일 동안 5TB까지 데이터를 전송할 수 있습니다.

---

25 https://www.kaggle.com/docs/datasets

사용할 수 있는 파일 종류

캐글 데이터 세트는 기본적으로 어떤 종류의 파일이든 업로드해서 사용할 수 있습니다. 단, 노트북에서 이용할 것을 고려한다면 csv, json, sqlite 등 프로그램에서 쉽게 읽을 수 있는 파일 형식이 좋습니다.

참고로 zip 등의 압축 파일은 노트북에서 압축 파일 이름의 디렉터리로 활용할 수 있습니다. zip 등으로 압축했다면 데이터 세트의 용량을 압축 파일 용량으로 인정하므로 용량이 큰 파일은 적절하게 압축해서 사용하는 것이 좋습니다. 데이터 세트의 용량 제한을 초과한 데이터를 다룰 수 있습니다.

파일 용량 제한

캐글 데이터 세트로 사용할 수 있는 용량은 처음에 500MB까지였지만 6GB, 20GB(2020년 6월 기준)까지 단계적으로 증가했습니다. 이는 공개 데이터 세트 하나의 최대 용량입니다. 또한 비공개로 설정한 개인 데이터 세트 전체에 20GB까지 사용 가능하다는 제한이 있습니다.

데이터 세트의 최상위 디렉터리(루트)에는 최대 50개의 파일을 배치할 수 있습니다. 이보다 많은 개수의 파일을 사용한다면 압축 파일(zip 등)로 만들어 디렉터리 안 파일로 다뤄야 합니다.

캐글 플랫폼은 지금도 자주 업그레이드되므로 이러한 제한 사항은 바뀔 수 있습니다. 가끔씩 캐글 공식 문서 Datasets에서 최신 정보를 확인하기 바랍니다.

캐글 API

캐글 API는 다양한 개발 환경(예: 여러분의 로컬 컴퓨터)에서 캐글 플랫폼의 여러 기능을 연결해서 사용할 수 있는 인터페이스입니다. 파이썬 3으로 구현했고,

명령 줄 도구Command line tool[26]를 사용해 캐글 플랫폼의 기능에 접근할 수 있습니다.

보통 로컬 컴퓨터에 설치된 터미널 등에 명령을 입력해 캐글에서 특정 작업을 실행합니다. 아마존 웹 서비스의 AWS 명령줄 인터페이스[27]를 떠올리면 이해하기 쉬울 것입니다.

캐글 API 설치하기

캐글 API는 파이썬 패키지 관리 도구인 pip로 설치합니다. 파이썬과 pip가 설치되지 않았다면 먼저 설치해야 합니다.

macOS와 윈도우에서는 보통 파일을 실행해 파이썬을 설치합니다. 자세한 설치 과정은 이 책의 깃허브 저장소[28]를 참고하기 바랍니다.

우분투 리눅스라면 이미 파이썬이 설치되었을 것입니다. 혹 파이썬이 설치되지 않았다면 다음 명령으로 파이썬과 pip를 설치합니다.

```
# 설치 전 패키지 업데이트
$ sudo apt update
$ sudo apt upgrade

# 파이썬 및 pip 설치
$ sudo apt install python2 python3
```

---

26 옮긴이: 사용자와 컴퓨터가 상호 작용하는 명령 줄 인터페이스(Command-line interface, CLI)를 사용할 수 있는 도구를 뜻합니다. https://ko.wikipedia.org/wiki/명령_줄_인터페이스 참고
27 옮긴이: 아마존 웹 서비스를 관리하는 통합 도구입니다. 여러 AWS 서비스를 명령 줄 도구에서 제어하고 스크립트를 만들어 자동화할 수 있습니다. https://aws.amazon.com/ko/cli 참고
28 https://github.com/dybooksIT/kaggle-guide/blob/master/readme/pythoninstall.md

```
$ sudo apt install python-pip python3-pip

# 앞 명령으로 pip가 정상적으로 설치되지 않을 때 실행할 명령
$ sudo apt install python-setuptools python3-setuptools
$ sudo easy_install pip
$ sudo easy_install3 pip
```

pip를 설치한 후 다음 명령을 실행해 캐글 API를 로컬 컴퓨터에 설치합니다.

```
$ sudo pip install kaggle
```

API 토큰 다운로드하기

캐글 로그인 정보가 있는 API 토큰Token을 다운로드해보겠습니다. 캐글에 로그인한 상태에서 'https://www.kaggle.com/사용자ID이름/accounts'에 접속하면 사용자 계정 페이지가 열립니다. 아래로 스크롤하다 **API**가 나타나면 **Create New API Token**을 눌러 json 파일을 다운로드합니다.

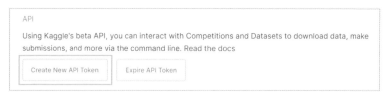

그림 5-18 API Key 다운로드

다운로드한 json 파일을 사용자의 홈 디렉터리[29]에 .kaggle/kaggle.json으로 저장합니다. 그럼 캐글 API를 사용할 준비가 끝난 것입니다.

---

[29] 옮긴이: 윈도우는 '\Users\사용자이름', macOS는 '/Users/사용자이름', 우분투 리눅스는 '/home/사용자이름'입니다.

캐글 API 사용하기

캐글 API는 명령 줄 도구 등에서 kaggle 명령을 실행해 호출할 수 있습니다.
시험 삼아 kaggle competitions list 명령으로 현재 캐글에서 진행 중인 경
진 대회 목록을 확인해보겠습니다.

```
$ kaggle competitions list
ref                        deadline             category
-------------------------  -------------------  ---------------
digit-recognizer           2030-01-01 00:00:00  Getting Started
titanic                    2030-01-01 00:00:00  Getting Started
nlp-getting-started        2030-01-01 00:00:00  Getting Started
global-wheat-detection     2020-08-04 23:59:00  Research
hashcode-photo-slideshow   2020-07-27 23:59:00  Playground


reward      teamCount   userHasEntered
---------   ---------   --------------
Knowledge       2842             True
Knowledge     205302            False
   Kudos       2357             False
 $15,000         31             False
Knowledge         19            False

# 이후 생략
```

경진 대회의 파일을 확인하고 다운로드하려면 kaggle competitions files
경진대회이름 명령과 kaggle competitions download 경진대회이름 명령을 실행
합니다.

```
$ kaggle competitions files digit-recognizer
name                  size    creationDate
-------------------   -----   -------------------
test.csv              49MB    2019-12-11 20:00:25
```

```
train.csv              73MB     2019-12-11 20:00:25
sample_submission.csv  235KB    2019-12-11 20:00:25

$ kaggle competitions download digit-recognizer
Downloading digit-recognizer.zip to D:\Develop\kaggle
100%|████████████████████| 15.3M/15.3M [00:01<00:00, 8.17MB/s]
100%|████████████████████| 15.3M/15.3M [00:01<00:00, 10.1MB/s]
```

리더보드 점수를 확인하려면 kaggle competitions submissions 경진대회이름 명령을 실행합니다.

```
$ kaggle competitions submissions digit-recognizer
fileName                            date
------------------------------      --------------------
pandas_digit_recognizer             2020-04-29 02:14:38
Chainer-MNISTClassifier-base        2020-04-22 06:40:32
Chainer-MNISTClassifier-base        2020-04-22 04:44:08
Chainer-MNISTClassifier-base        2020-04-22 04:14:40

description                                     status
----------------------------------------        ---------
From "pandas_digit_recognizer" Script           complete
From "Chainer-MNISTClassifier-base" Script      complete
From "Chainer-MNISTClassifier-base" Script      complete
From "Chainer-MNISTClassifier-base" Script      complete

publicScore    privateScore
-----------    -------------
0.96800        None
0.97271        None
0.94714        None
0.86757        None
```

분석 결과 파일을 경진 대회에 제출하려면 kaggle competitions submit -f

파일이름 -m "메시지" 경진대회이름 명령을 실행합니다. 2장 109쪽에서 만든 노트북의 제출 결과 혹은 3장 133쪽에서 만든 노트북의 제출 결과를 다운로드해서 앞 명령을 실행해보기 바랍니다.

```
$ kaggle competitions submit -f submission.csv -m "API test" \
  digit-recognizer
100%|                              | 208k/208k [00:07<00:00, 28.8kB/s]
Successfully submitted to Digit Recognizer
```

그 이외의 캐글 API 사용 방법은 캐글 공식 문서 Public API[30] 또는 캐글 API 깃허브 저장소[31]를 참고하세요.

캐글 API로 머신러닝 실행하기

캐글 데이터 세트, API, 노트북을 이용하면 캐글을 SaaS 플랫폼으로 활용할 수 있습니다. 여기에서는 로컬 컴퓨터의 데이터를 데이터 세트로 업로드해 노트북으로 데이터를 분석하고 그 결과를 다운로드하는 방법을 소개합니다.

지금 소개한 방법을 스크립트로 만들어 자동 실행되도록 설정하면 캐글을 머신러닝 플랫폼으로 사용하는 봇을 만들 수 있습니다.

초기 데이터 세트 작성하기

여기에서는 캐글 API의 사용 방법 설명용으로 더미 데이터(csv 파일)를 작성합니다. 로컬 컴퓨터에 kaggle_api_test라는 디렉터리를 만들고 텍스트 편집기 등을 활용해 1,2,3이라는 내용을 입력한 in.csv 파일을 만듭니다.

---

30 https://www.kaggle.com/docs/api
31 https://github.com/Kaggle/kaggle-api

이 csv 파일을 데이터 세트로 업로드하려면 캐글의 데이터 세트로 설정하는 메타데이터를 지정해야 합니다. 메타데이터는 json 파일로 만들며 앞에서 만든 kaggle_api_test 디렉터리에 저장합니다. json 파일의 이름은 dataset-metadata.json이라고 지정합니다. 파일 내용은 다음과 같습니다.

```
{
    "title": "Sample Dataset",
    "id": "캐글사용자ID/sample-dataset",
    "licenses": [{ "name": "CC0-1.0"}],
    "resources": [
        {
            "path": "in.csv",
            "description": "This is test"
        }
    ]
}
```

"id" 키에 넣을 값은 "캐글사용자ID/데이터세트ID" 형태로 입력하고, "resources" 키에는 업로드한 데이터 파일의 목록을 값으로 넣어야 한다는 사실을 꼭 기억하기 바랍니다.

json 파일 구조의 더 자세한 사항은 캐글 API 깃허브 저장소의 Dataset Metadata 라는 위키Wiki 페이지[32]를 참고하세요.

dataset-metadata.json 파일을 만들었다면 kaggle_api_test 디렉터리의 바로 상위 디렉터리로 이동한 후 `kaggle datasets create -p kaggle_api_test` 명령을 실행합니다.

---

[32] https://github.com/Kaggle/kaggle-api/wiki/Dataset-Metadata

```
$ kaggle datasets create -p kaggle_api_test
Starting upload for file in.csv
100%|███████████████████████████| 5.00/5.00 [00:05<00:00, 1.18s/B]
Upload successful: in.csv (5B)
Your private Dataset is being created. Please check progress at
https://www.kaggle.com/archmond/sample-dataset
```

디렉터리 안 in.csv 파일을 업로드하면서 데이터 세트가 생성됩니다. 방금 업로드한 데이터 세트는 웹 브라우저에서 'https://www.kaggle.com/사용자ID/sample-dataset'에 접속해 확인할 수 있습니다.

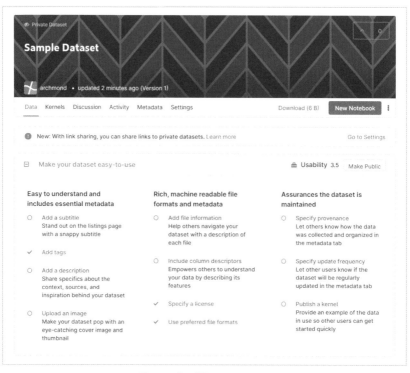

그림 5-19 새로 만든 Sample Dataset

노트북 실행하기

이번에는 업로드한 데이터 파일을 분석하는 노트북을 만듭니다. 다음 코드처럼 데이터 세트 안 숫자를 더해 out.csv라는 파일에 저장하는 간단한 파이썬 프로그램을 작성합니다.

```python
import pandas as pd

df = pd.read_csv("../input/sample-dataset/in.csv", header= None)
ds = df.sum(axis=1)

ds.to_csv("out.csv", index=False)
```

kaggle_notebook_test 디렉터리를 만들고 그 안에 sum.py라는 파일로 앞 코드를 저장합니다.

이제 앞 데이터 세트를 만들 때와 마찬가지로 다음 코드를 참고해 노트북의 메타데이터를 만듭니다. 메타데이터 파일은 kaggle_notebook_test 디렉터리 안에 kernel-metadata.json으로 저장합니다.

```json
{
    "id": "캐글사용자ID/api_test_notebook",
    "language": "python",
    "title": "API Test",
    "competition_sources": [ ],
    "is_private": "true",
    "kernel_type": "script",
    "enable_gpu": "false",
    "dataset_sources": ["캐글사용자ID/sample-dataset"],
    "code_file": "sum.py",
    "kernel_sources": [ ],
    "enable_internet": "false"
}
```

"id" 키의 값은 "캐글사용자ID/노트북ID" 형식으로 설정합니다. 노트북이 이용하는 데이터 세트는 "dataset_sources" 키에 ["캐글사용자ID/sample-dataset"]라는 값으로 설정합니다. 이때 배열을 뜻하는 [ ]로 감싸준다는 것을 기억하기 바랍니다. "enable_gpu" 키는 GPU 사용을 활성화할지 설정합니다. 여기에서는 사용하지 않을 것이므로 "false"라는 값을 설정했습니다.

json 파일 구조의 더 자세한 사항은 캐글 API 깃허브 저장소의 Kernel Metadata라는 위키 페이지[33]를 참고하세요.

kernel-metadata.json 파일을 만들었으면 kaggle_notebook_test 디렉터리의 바로 상위 디렉터리로 이동한 후 kaggle kernels push -p kaggle_notebook_test 명령으로 노트북을 만듭니다.

```
$ kaggle kernels push -p kaggle_notebook_test
Your kernel title does not resolve to the specified id. This
may result in surprising behavior. We suggest making your
title something that resolves to the specified id. See https://
en.wikipedia.org/wiki/Clean_URL#Slug for more information on how slugs
are determined.
Kernel version 1 successfully pushed.  Please check progress at
https://www.kaggle.com/archmond/api-test
```

웹 브라우저에서 https://www.kaggle.com/사용자ID/api-test로 접속하면 API Test라는 노트북이 생성 및 실행될 것입니다.

---

33 https://github.com/Kaggle/kaggle-api/wiki/Kernel-Metadata

그림 5-20 새롭게 만든 노트북

노트북 실행 결과 다운로드

노트북의 실행 결과를 다운로드하려면 kaggle kernels output 캐글사용자ID/
노트북이름 명령을 실행합니다. 그러면 노트북의 실행 결과와 실행 로그가 파일
형태로 다운로드됩니다. 노트북의 실행이 끝나지 않았다면 실행 로그만 다운
로드됩니다.

```
$ kaggle kernels output 캐글사용자ID/api-test
Output file downloaded to out.csv
Kernel log downloaded to api-test.log
```

실행 결과 파일에는 데이터 세트로 업로드한 파일 안의 숫자를 합한 결과인 6이
저장되었음을 알 수 있습니다.

부록

캐글에서 자주 사용하는
머신러닝 라이브러리와
프레임워크

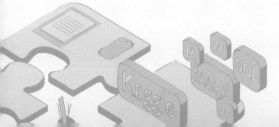

Section 16 LightGBM 사용하기

LightGBM

캐글을 활용하고 커뮤니티의 한 사람으로 무언가 기여하려면 머신러닝을 중심으로 한 데이터 분석과 프로그래밍 지식이 필요합니다. 즉, 머신러닝의 다양한 기법과 프로그래밍에 활용할 수 있는 여러 가지 라이브러리나 프레임워크에 무엇이 있는지 이해해야 합니다.

캐글은 경진 대회에서 더 높은 점수를 올리려고 경쟁한다는 특징 때문에 점수 올리기와 직결되는 고성능 라이브러리나 프레임워크를 사용할 때가 많습니다. 여기에서는 캐글러가 경진 대회에서 자주 사용하는 머신러닝 라이브러리나 프레임워크를 간략하게 소개한 후 이를 이용해 경진 대회 데이터를 학습하는 코드를 설명합니다.

먼저 결정 트리를 사용한 앙상블 학습의 하나인 LightGBM 프레임워크를 소개합니다. LightGBM은 마이크로소프트에서 발표한 결정 트리 기반의 그래디언트 부스팅Gradient Boosting Decision Tree, GBDT 구현입니다. 학습 속도가 빠르고, 일반화 성능이 좋아 인기 있는 알고리즘입니다.

결정 트리는 데이터를 여러 개의 트리 구조로 나눠 분석하는 방법입니다. 서로 연결된 노드를 따라가면서 해당 노드에 포함된 조건식을 기반으로 데이터를 판단해 나가는 알고리즘입니다.

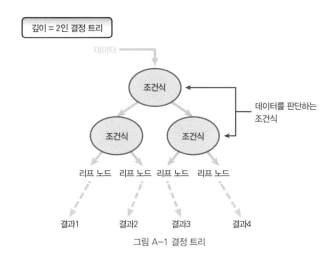

그림 A-1 결정 트리

GBDT는 결정 트리 1개가 아닌 여러 개의 결정 트리로 최종 결과를 구하는 방법입니다. 새로운 결정 트리를 학습할 때 모델의 출력 결과와 정답 데이터의 차이를 종속 변수로 활용합니다. 즉, 차례로 결정 트리의 학습 결과를 추가해 정확도를 개선해 가는 것입니다.

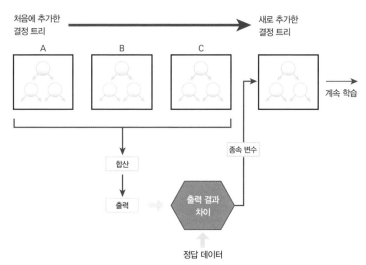

그림 A-2 Gradient Boosting Decision Tree

LightGBM은 결정 트리의 학습 원리와 GBDT를 바탕으로 처리 속도와 일반화 성능을 향상시키는 연구 끝에 탄생한 프레임워크입니다.

LightGBM 예제 코드

LightGBM에는 과적합Overfitting을 막으려고 미리 테스트용 데이터를 별도로 준비해 그래디언트 부스팅 과정마다 점수를 확인하는 기능이 있습니다. 원래 그래디언트 부스팅은 과적합이 발생하기 쉬운 알고리즘입니다. LightGBM은 그림 A-3처럼 학습용 데이터 전부를 결정 트리 학습에 사용하지 않습니다. 데이터 일부를 테스트용으로 나눈 데이터 세트로 점수가 오르지 않을 때까지 학습을 반복할 수 있습니다.

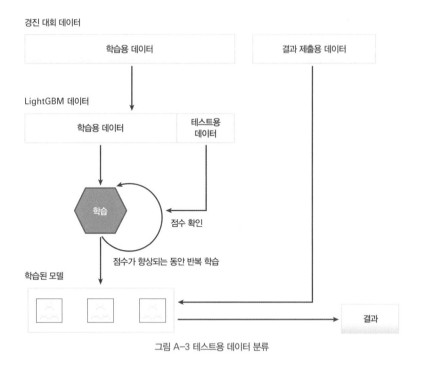

그림 A-3 테스트용 데이터 분류

반복 학습을 구현한 LightGBM 예제 코드는 다음과 같습니다. 3장 133쪽에서 만든 `MLPClassifier` 클래스를 사용하는 노트북과 같은 개념이며, Digit Recognizer 경진 대회의 28×28px=784px개의 데이터를 10가지 유형으로 분류합니다. LightGBM_baseline이라는 노트북[01] 으로도 공개해두었습니다.

```python
# 필요한 패키지 불러오기
import pandas as pd
import lightgbm as lgb
from sklearn.model_selection import train_test_split

# 학습용 데이터 읽기
df = pd.read_csv('../input/digit-recognizer/train.csv')
col = ['pixel%d'%i for i in range(784)]

# LightGBM 파라미터 설정
lgb_params = {
    "objective" : "multiclass",
    "metric" : "multi_logloss",
    "num_class" : 10,
    "max_depth" : 5,
    "num_leaves" : 15,
    "learning_rate" : 0.1,
    "bagging_fraction" : 1.0,
    "feature_fraction" : 1.0,
    "lambda_l1" : 0.0,
    "lambda_l2" : 0.0,
}

# 테스트용 데이터 분할
X_train, X_test, Y_train, Y_test = train_test_split(df[col],
    df['label'], test_size=0.1)
```

---

01 https://www.kaggle.com/tanreinama/lightgbm-baseline

```
# LightGBM 모델 학습
lgtrain = lgb.Dataset(X_train, label=Y_train)
lgtest = lgb.Dataset(X_test, label=Y_test)
lgb_clf = lgb.train(lgb_params, lgtrain, 500,
                    valid_sets=[lgtrain, lgtest],
                    early_stopping_rounds=5,
                    verbose_eval=10)

# 결과 저장
df = pd.read_csv('../input/digit-recognizer/test.csv')
res = lgb_clf.predict(df[col]).argmax(axis=1)

df = pd.read_csv('../input/digit-recognizer/sample_submission.csv')
df['Label'] = res
df.to_csv('submission.csv', index=False)
```

먼저 필요한 패키지와 학습용 데이터를 불러온 후 LightGBM의 파라미터를 정의합니다. 파라미터를 정의한 후에는 학습용 데이터에서 테스트용 데이터를 나눕니다. 사이킷런의 train_test_split 함수를 사용해 학습용 데이터의 10%를 테스트용으로 나눴습니다.

학습하는 부분에서는 lgb.Dataset 클래스로 학습용 데이터와 테스트용 데이터를 정의한 후 lgb.train 함수를 사용해 LightGBM 기반으로 학습합니다. lgb.train 함수의 인자값으로는 부스팅 횟수(500), 몇 번째 학습마다 점수를 확인해 점수가 오르지 않을 때 종료(early_stopping_rounds=5)할지, 몇 번 부스팅했을 때마다 로그를 표시(verbose_eval=10)할지 등을 설정합니다.

결과를 저장할 때는 먼저 모델의 predict 함수를 실행합니다. LightGBM의 다중 클래스 분류(Multi-class classification)에서 각 클래스에 속할 가능성이 있는 2차원 배열을 반환합니다. 그리고 `argmax(axis=1)`을 추가해 클래스에 속할 가능성이 가장 높은 인덱스를 최종 결과 파일에 저장합니다.

이 예제는 2장 마지막에 만든 Digit Recognizer 경진 대회의 합성곱 신경망 구현 노트북(108쪽 참고)과 비슷한 0.97 정도의 점수를 얻었습니다.

LightGBM 파라미터

LightGBM 등의 GBDT 알고리즘은 프로그래머가 정의해야 하는 메타 파라미터가 많다는 특징이 있습니다. 기본적으로 모델 학습 방법을 정의하는 것, 모델을 테스트하는 것, 과적합을 막는 것으로 나눌 수 있습니다.

앞에서 소개한 LightGBM 예제에서 정의한 파라미터에는 학습 종류를 나타내는 `objective`, `metric`, `num_class`, 결정 트리의 파라미터인 `max_depth`, `num_leaves`, `learning_rate`, 과적합을 막는 정규화 관련 파라미터인 `bagging_fraction`, `feature_fraction`, `lambda_l1`, `lambda_l2`가 있습니다.

학습 종류를 나타내는 `objective`, `metric`, `num_class`는 LightGBM 모델이 다중 클래스 분류인지, 이진 분류Binary classification 인지, 수치를 예측하는 회귀분석 Regression analysis 인지 등을 설정합니다. 앞 예제는 다중 클래스 분류를 사용하려고 `objective`에는 `multiclass`, `metric`에는 다중 클래스 분류의 성능을 측정하는 `multi_logloss`, `num_class`에는 클래스 수를 설정했습니다.

참고로 이진 분류의 경우라면 `objective`에 실제값과 예측값의 차이를 계산하는 `cross_entropy`, `metric`에는 곡선아래면적에 해당하는 AUC나 수신자 조작 특성에 해당하는 roc를 설정합니다. 회귀분석은 `objective`에 정규화에 해당하는 `regression_l2`나 `regression_l1`을 설정합니다.

표 A-1 LightGBM의 파라미터

모델 종류	objective	metric	num_class
다중 클래스 분류	multiclass	multi_logloss	클래스 수
이진 분류	cross_entropy	AUC/roc 등	없음
회귀분석	regression_l2	regression_l1 등	l2/l1 등

결정 트리의 파라미터인 max_depth, num_leaves, learning_rate에는 '각 결정 트리 깊이의 최댓값', '리프 노드 개수', '학습률'을 지정합니다.

결정 트리의 깊이와 마지막 노드에 해당하는 리프 노드 개수는 단순히 값이 크다고 좋은 것은 아닙니다. 작은 값으로 부스팅 횟수를 늘렸을 때 더 좋은 결과를 얻을 수도 있습니다. 깊이가 얕은 결정 트리 여러 개를 사용했을 때 그래디언트 부스팅의 일반화 성능이 좋아질 수 있기 때문입니다. 한편 복잡한 결정 트리를 만들어야 하는 데이터라면 일정 깊이 이상의 결정 트리가 필요합니다.

과적합을 막는 파라미터인 bagging_fraction과 feature_fraction은 부스팅을 한 번 할 때마다 데이터를 무작위로 꺼내는 비율을 지정하므로 보통 값이 크면 일반화 성능이 좋아집니다. 정규화와 연관된 lambda_l1, lambda_l2는 값을 크게 할수록 결정 트리가 더 복잡해지는 것을 막습니다.

LightGBM은 그 외에도 다양한 파라미터가 있습니다. 이러한 파라미터를 적절히 튜닝하면 LightGBM 성능이 크게 변하므로 경진 대회에서 LightGBM을 사용한다면 5장 내용을 참고해 적절한 파라미터를 찾기 바랍니다.

fast.ai

LightGBM 외에 fast.ai[02]라는 또다른 프레임워크를 소개합니다. 신경망 모델을 학습시키고 실행하는 딥러닝 프레임워크입니다.

fast.ai는 신경망의 성능을 향상시키는 학습 방법 등을 미리 구현했다는 특징이 있습니다. 캐글 경진 대회에서 좋은 점수를 쉽게 얻는 데 도움을 주는 머신러닝 알고리즘을 직접 구현하지 않아도 됩니다. 4장 180쪽에서 소개했듯이 케라스keras라는 프레임워크로 만든 신경망 모델을 fast.ai로 바꾼 것만으로도 경진 대회 점수가 높아진 사례가 있습니다.

fast.ai를 사용한 이미지 인식 예제 코드

먼저 fast.ai를 사용하여 Digit Recognizer 경진 대회의 데이터를 10가지 유형으로 나누는 예제 코드를 소개합니다.

```python
# 필요한 패키지 불러오기
import pandas as pd
import numpy as np
import torch
from fastai.vision import *
from sklearn.model_selection import train_test_split

# 학습용 데이터 불러오기
df = pd.read_csv('../input/digit-recognizer/train.csv')
col = ['pixel%d'%i for i in range(784)]
```

---

02 https://docs.fast.ai

```python
# 데이터 세트 정의하기
class ArrayDataset(Dataset):
    def __init__(self, image, label, num_class):
        self.image = image.astype(np.float32)
        self.label = label.astype(np.int64)
        self.c = num_class
    def __len__(self):
        return len(self.image)
    def __getitem__(self, pos):
        return Image(np.stack([self.image[pos]]*3)), self.label[pos]


# 데이터를 나누고 DataBunch 클래스로 학습용과 테스트용 데이터 생성하기
X_train, X_test, Y_train, Y_test = train_test_split(df[col],
    df['label'], test_size=0.1)
train_ds = ArrayDataset(X_train.values.reshape((-1, 28, 28)),
    Y_train.values, 10)
test_ds = ArrayDataset(X_test.values.reshape((-1, 28, 28)),
    Y_test.values, 10)
data = DataBunch.create(train_ds, test_ds)


# ResNet-18 모델로 학습하기
learner = cnn_learner(data, models.resnet18, pretrained=False,
    metrics=[accuracy])
learner.fit_one_cycle(16, 1e-4)


# 결과 저장하기
df = pd.read_csv('../input/digit-recognizer/test.csv')
val = df.values.reshape((-1, 28, 28)).astype(np.float32)


res = [ ]
for i in val:
    img = np.stack([i]*3).reshape(1, 3, 28, 28)
    r = learner.model(torch.tensor(img).cuda( )).argmax( )
    res.append(r.detach( ).cpu( ).numpy( ))


df = pd.read_csv('../input/digit-recognizer/sample_submission.csv')
df['Label'] = res
df.to_csv('submission.csv', index=False)
```

지금까지 소개한 예제보다 파라미터 수가 많은 합성곱 신경망으로 학습하기 때문에 GPU를 활용한다는 특징이 있습니다. 따라서 캐글 노트북에서 실행할 때는 3장 144쪽 내용을 참고해 **GPU** 설정을 **ON**으로 설정한 후 실행하기 바랍니다. 참고로 예제 코드는 FastAI_and_pytorch_baseline이라는 노트북[03]에 공개해 두었습니다. Digit Recognizer 경진 대회에서는 지금까지 소개해 온 노트북보다 좋은 0.99 전후의 점수를 올렸습니다.

예제 코드 살펴보기

fast.ai는 하위 프레임워크로 파이토치를 사용합니다. 신경망 모델 설정과 학습 자체는 파이토치의 기능을 사용하고, 추가 학습용 보조 클래스 등을 래핑[04]해 신경망 학습을 간단히 할 수 있도록 합니다.

먼저 파이토치 fast.ai에 있는 이미지 인식용 패키지를 불러오는 부분을 살펴보겠습니다. 이미지 인식에서는 torchVision이라는 패키지에서 필요한 신경망 모델을 미리 정의해 두었습니다. fast.ai는 이 패키지를 이용해 Digit Recognizer 경진 대회의 필기체 숫자 이미지를 인식하는 프로그램을 만듭니다.

```
import torch
from fastai.vision import *
```

다음에는 Dataset 클래스로 fast.ai용 데이터 세트를 만듭니다.

```
class ArrayDataset(Dataset):
    def __init__(self, image, label, num_class):
        self.image = image.astype(np.float32)
        self.label = label.astype(np.int64)
        self.c = num_class
    def __len__(self):
        return len(self.image)
    def __getitem__(self, pos):
        return Image(np.stack([self.image[pos]]*3)), self.label[pos]
```

Dataset는 신경망에서 학습할 데이터를 정의하는 클래스로 다음 코드처럼 Dataset를 상속하는 ArrayDataset 클래스를 만들었습니다. ArrayDataset 클래스는 데이터값과 레이블이 있으며, len과 getitem 함수로 각 데이터의 길이, 지정한 위치의 데이터값과 레이블을 반환합니다. 클래스 분류는 ArrayDataset 클래스의 c 변수에 클래스의 최대 개수를 저장해 둡니다.

참고로 데이터값은 fast.ai Image 클래스의 인스턴스로 반환합니다. 데이터의 레이블은 파이토치의 64비트 정수 데이터 타입인 tourch.Long으로 변환할 수 있도록 넘파이의 int64 데이터 타입으로 설정했습니다.

이제 방금 만든 데이터 세트를 이용해 DataBunch 클래스로 학습용과 테스트용 데이터를 만듭니다.

```
data = DataBunch.create(train_ds, test_ds)
```

ArrayDataset 클래스에서 학습용 데이터와 테스트용 데이터를 train_ds, test_ds라는 변수에 저장하면 DataBunch.create 함수로 DataBunch 클래스의 인스턴스를 만들어 사용할 수 있습니다.

torchVision 사용하기

fast.ai에서 신경망을 학습할 때는 보통 fast.ai용 데이터를 준비한 후 fast.ai의 vision 모듈과 Learner 클래스의 메서드를 이용해 신경망 모델을 설정하고 학습합니다.

```
learner = cnn_learner(data, models.resnet18, pretrained=False,
    metrics=[accuracy])
learner.fit_one_cycle(16, 1e-4)
```

예제 코드에서는 vision.models로 torchVision의 ResNet18이라는 신경망 모델을 정의해서 사용합니다. 또한 이미지 인식용 합성곱 신경망을 사용하므로 vision.learner의 cnn_learner 메서드를 호출합니다.

cnn_learner 메서드의 인자는 앞에서 만든 DataBunch 클래스의 인스턴스인 data, torchVision의 ResNet18 모델을 설정하는 models.resnet18, 이미지넷 등에서 이미 학습된 모델을 사용하지 않을 것으로 설정하는 pretrained=False, 어떤 기준으로 평가 함수를 정의할 것인지 설정하는 metrics=[accuracy](여기에서는 정확도 점수로 설정)가 있습니다.

Learner 클래스의 fit 메서드는 일반적인 학습 알고리즘을 적용하고, fit_
one_cycle 메서드는 '1주기 정책One Cycle Policy[05]'이라는 방법을 사용한 학습 알
고리즘을 적용합니다. 이 예제에서는 fit_one_cycle 메서드를 사용했으며, 총
16회 학습합니다.

모델을 테스트하고 경진 대회에 제출할 결과 저장하기

경진 대회의 테스트용 데이터를 불러와서 학습시킨 신경망 모델에 적용해 결
과를 저장합니다.

```
df = pd.read_csv('../input/digit-recognizer/test.csv')
val = df.values.reshape((-1, 28, 28)).astype(np.float32)

res = [ ]
for i in val:
    img = np.stack([i]*3).reshape(1, 3, 28, 28)
    r = learner.model(torch.tensor(img).cuda( )).argmax( )
    res.append(r.detach( ).cpu( ).numpy( ))

df = pd.read_csv('../input/digit-recognizer/sample_submission.csv')
df['Label'] = res
df.to_csv('submission.csv', index=False)
```

---

05 옮긴이: 딱 한 번의 학습 주기와 넓은 범위의 학습률을 설정해 학습한 후 데이터의 반복 횟수가
    남으면 초기 학습률보다 몇 자리 줄인 학습률을 적용하는 방법입니다. 신경망의 학습 속도를 빠
    르게 하기 위해 고안한 방법입니다.

fast.ai는 파이토치의 래핑 패키지이므로 신경망 모델 자체는 파이토치 기반입니다. 따라서 신경망을 이용하려면 파이토치 Tensor 클래스의 torch.tensor에 데이터를 입력해야 합니다. 또한 GPU를 사용하므로 torch.tensor로 데이터를 하나씩 꺼낸 후 cuda 함수를 호출해 GPU 메모리상의 데이터로 만듭니다.

학습시킨 신경망 모델은 learner.model로 호출할 수 있습니다. 앞에서 만든 메모리상의 데이터를 인자로 넣어 모델을 실행합니다. 이후에는 LightGBM과 마찬가지로 argmax 함수로 클래스에 속할 가능성이 가장 높은 인덱스를 분류합니다.

모델 실행과 분류가 끝났다면 GPU에서 detach().cpu().numpy()를 실행하도록 만들어 파이토치 데이터를 넘파이 데이터로 반환하고, 배열 res 안에 추가합니다. 마지막으로는 경진 대회에 제출할 결과 파일을 저장합니다.

찾아보기

찾아보기